Anneliese Probst

Unterwegs nach Gutwill

Erzählung

UNION VERLAG BERLIN

Illustrationen von Wolfgang Würfel

ISBN 3-372-00204-0
2. Auflage · 1988
© 1982 by Union Verlag Berlin
Lizenz-Nr. 395/3722/88 · LSV 7001
Printed in the German Democratic Republic
Klischees: Grafischer Großbetrieb Völkerfreundschaft, Dresden
Gesamtherstellung: Union-Druck Halle
Gestaltung: Armin Wohlgemuth
699 908 3
00880

Was ist nur aus ihren Sonntagen geworden!

Früher hat sie die Sonntage geliebt! Sie hat nie zu jenen Menschen gehört, für die kein Unterschied besteht zwischen einem Wochentag und einem Sonntag, weil jeder Tag zerarbeitet werden muß, im Betrieb ebenso wie zu Haus: man steht morgens unausgeschlafen auf und fällt abends müde ins Bett, zuweilen blitzt ein Gedanke auf: DAS IST NUN WIEDER ALLES GEWESEN – ein Gefühl des Bedauerns wagt sich ins Bewußtsein, wird sogleich abgewürgt, es ist schon recht so, wie es ist. Die Arbeit tut sich nicht von allein.

Sie hat im Gegenteil immer versucht, die Sonntage zu etwas Besonderem zu machen, durch Kleinigkeiten nur: Zeit für ein geruhsames Frühstück, für Spielstunden mit den Kindern, für gemeinsame Spaziergänge – darauf bestand Konrad, er ging sehr gern spazieren! Als die Mädchen späterhin maulten, weil das Spazierengehen sie langweilte, wurden Räder gekauft und Radtouren unternommen, die Dörfer der näheren und weiteren Umgebung sind ihre Ausflugsziele gewesen. An diesen Radtouren haben Konrad und sie auch noch festgehalten, als Isolde schon aus dem Haus war und Asta ihre Sonntage mit ihren Freundinnen und Freunden verbrachte. Sie sind gern nach Klosen gefahren, jenem kleinen, sauberen Dorf am großen Flugbogen. In der Gaststätte haben sie zu Mittag gegessen, haben die Räder im Hof abgestellt, sind im Grund spazierengegangen, bei gutem Wetter saßen sie lange im Gras und lauschten dem Pfeifen des Pirols, auf der Heimfahrt waren sie auf angenehme Weise müde, anders als nach einem Achtstundentag im Betrieb. An Regentagen haben sie es sich zu Haus gemütlich gemacht – häufige Redensart von Konrad: es sich gemütlich machen! Zuweilen sind auch die Mädchen gekommen, Asta hat bis vor zweieinhalb Jahren noch bei ihnen gewohnt. Isolde besuchte sie zusammen mit ihrem Mann Alexander und ihrer kleinen Tochter Beate bis zu ihrem Wegzug aus der Stadt oft am Sonntagnachmittag, es war angenehm für sie, wenn sich andere mit dem Kind beschäftigten und sie selbst für kurze Zeit Ruhe hatte.

Abends suchten sie dann die Stille, ohne Fernseher, oft ohne Radio, entweder saßen sie auf dem Balkon und gaben acht, wie die Stadt allmählich einschlief, oder sie lümmelten in den alten Sesseln und lasen oder unterhielten sich miteinander.

Stille ist für sie niemals gleichbedeutend gewesen mit Lautlosigkeit! Stille glich dem Stillwerden, ließ ein Gefühl von Harmonie aufkommen, dem etwas Unwirkliches anhaftete. Meist sind sie zeitig ins Bett gegangen, sie hat nach seiner Hand verlangt, an der sie sich festhalten wollte, manchmal hat er den Arm um sie gelegt und sie nicht losgelassen, so haben sie gemeinsam in den Schlaf gefunden.

Jetzt hingegen ist alles anders, und sie haßt die Sonntage!

In ihnen ist die Leere, in der sie sich seit einem reichlichen Jahr bewegt, um vieles spürbarer als an Wochentagen. Während der Woche ist sie eingespannt in den Arbeitsrhythmus, da bleibt ihr nicht viel Zeit zum Nachdenken. Sonntags ist sie ihren Erinnerungen ausgeliefert, sie fällt in die Vergangenheit und möchte sich in ihr vor der Gegenwart verstecken, und die Zukunft bleibt ausgeklammert, es wäre ihr lieb, wenn es keine Zukunft mehr für sie gäbe!

Niemand, der sie zufällig oder auch unbewußt beobachtet, wird an ihr jene Müdigkeit und Hoffnungslosigkeit entdecken, die seit Konrads Tod wie unsichtbare und zugleich undurchdringliche Hüllen über ihr liegen.

Sie gibt sich beherrscht und freundlich, erledigt ihre Arbeit in der Lohnbuchhaltung der Druckerei so korrekt und zuverlässig wie immer, kommt pünktlich zum Dienst, wechselt die üblichen Worte mit ihren beiden Kolleginnen – gutes Wetter, schlechtes Wetter, schönen Abend verlebt? – danke ja, fühlen Sie sich wohl? Sie fühlt sich nicht wohl, das behält sie für sich. Sie allein spürt, daß sie wie ein Automat arbeitet, daß sie wie ein Automat lebt, nach außen hin scheint alles in Ordnung zu sein, wer weiß schon, daß dieses Bild trügt? Konrad würde es wissen, er hat alles von ihr gewußt, auch das, was sie nie ausgesprochen hat. Aber Konrad ist vor einem reichlichen Jahr gestorben, jähes Herzversagen, dabei ist er vorher nie herzkrank gewesen!

Sie begreift diesen Tod nach wie vor nicht. Dieser Tod hat ihr eigenes Leben in Frage gestellt und tut es noch. Alles ist so geblieben, wie es gewesen ist, und ist doch völlig anders geworden, sie bewegt sich wie eine Fremde in der ihr vertrauten Umgebung oder wie eine, die Abschied nimmt, bloß weiß sie noch nicht, wohin sie sich nach einem möglichen Abschied wenden soll, und weil Abschiednehmen Kraft kostet und sie keine Kraft in sich spürt, treibt sie im Sog ihrer Erinnerungen und lebt an der Gegenwart vorbei. Katharina Bessner, vierundfünfzig Jahre, Witwe, die beiden Töchter sind erwachsen und leben ihr eigenes Leben, das sie keineswegs immer gutheißt – wozu ist sie eigentlich noch da?

Sie haßt neuerdings die Sonntage!

Der Wecker klingelt nicht, trotzdem erwacht sie kurz nach fünf Uhr, das ist nun schon seit Jahren so. Du hast einen unsichtbaren Wecker in dir, hat Konrad sie geneckt, schlaf dich doch wenigstens einmal sonntags aus! Sie ist aber stets kurz nach fünf Uhr aufgewacht, freilich hat sie sich früher genußvoll auf die andere Seite gedreht und ist, von Konrads leisem Schnarchen, noch einmal eingeduselt. Sonntags haben sie nie vor acht gefrühstückt. Auch nicht später. Der Tag hat sie gelockt – jetzt schreckt er sie, und sie liegt wach im Bett und malt mit den Augen die Muster der Tapete nach und betrachtet lange die Fotografien, die ihr gegenüber an der Wand hängen, je ein Bild von Konrad und von den Mädchen, Isolde hält Beate auf dem Arm, so kann sie nach Ähnlichkeiten forschen. Von Asta hat sie nur ein Kinderbild dort aufgehängt, mit großen, fragenden Augen blickt ein kleines Mädchen sie an, ängstlich-neugierig und doch vertrauensvoll. Die Asta von heute sieht anders aus, um vieles skeptischer, herber, wissender. Aber wenn sie beisammen sind, tastet Katharina das Gesicht der Tochter noch jetzt nach Spuren jenes Kinderbildes ab, und sie ist froh, wenn sie diese Spuren entdeckt, im Blick der dunklen Augen, im Lächeln, im Ausdruck des Mundes. Asta hat ihnen viel Sorgen gemacht, sie geht nicht geradlinig ins Leben hinein, sondern bevorzugt Umwege. Seit Konrads Tod ist eine neue Bindung zwischen ihr und Asta gewachsen.

Unter diesen drei Bildern hängt noch eine Fotografie. Die Fotografie eines Hundes. Ihr Pudel Timm, der dreizehn Jahre ihr Leben geteilt hatte, mußte kurz nach Konrads Tod eingeschläfert werden. Ein sanftes Wort: eingeschläfert! Es klingt nach Ruhe und Erlösung. Letzteres wird es für das Tier gewesen sein. Timm litt einige Wochen an einer Mundfäule, die sich trotz ärztlicher Behandlung ständig verschlimmerte. Schließlich konnte er weder fressen noch trinken, blutiger Schleim verklebte die Lefzen. Sie rief mittags den Tierarzt an, er wollte abends kommen und Timm die Spritze geben. Sie hielt den Hund vier Stunden auf dem Schoß, er war sehr schwach, nur seine Augen sprachen eine deutliche Sprache. Immer wieder sah er sie an, sie weinte, aber sie wußte nicht, daß sie weinte. Nachmittags trug sie ihn auf den Hof, er hob das Hinterbein, sie mußte ihn stützen. Tapsig wie ein junger Hund torkelte er auf sie zu, sie fing ihn auf, trug ihn in die Wohnung zurück, wollte sich nicht auch noch von ihm trennen, wußte, daß sie sich würde trennen müssen, dieses Sterben erschien ihr ebenso sinnlos wie Konrads Tod. Als der Tierarzt kam, wünschte sie, fliehen zu dürfen, nur galt keine Flucht, sie mußte Timm halten, er sah sie an, ein letztes Mal, dann brachen seine Augen, er streckte sich, hörte auf zu atmen. Sie wollte nicht sehen, sah doch und dachte, daß es Konrad ähnlich ergangen war. Später begrub sie den Hund in dem kleinen Vorgarten, zum Glück wurde sie dabei von niemandem beobachtet. Herr Lehmann, der Hausverwalter in ihrem großen Mietshaus, wäre bestimmt sehr zornig geworden, wenn er davon erfahren hätte, er mochte Timm nicht leiden. Sie fühlte sich elend, jammerte wortlos nach Konrad, er hätte ihr über diese Stunde hinweggeholfen, er wußte, wie sehr sie an dem Tier gehangen hatte. Aber er war tot, der Hund war ihm gefolgt. Als sie das dachte, fühlte sie sich seltsamerweise etwas getröstet. Sie stellte sich vor, daß Konrad nun nicht mehr allein war, es wußte ja niemand, wie es nach dem Tode weiterging, vielleicht versank man keineswegs in endloses Dunkel. Vielleicht ging dieses Auf und Ab von Gut und Böse auf anderer Ebene weiter, und es war hilfreich, wenn man dann einen Gefährten neben sich wußte. Spinnerei natürlich, aber trotzdem tröstete diese Vorstellung sie eigenartigerweise ...

Wenn Timm noch lebte, würde er jetzt auf ihr Bett springen, sich an ihren Füßen zusammenrollen und friedlich schlafen. Er würde ihr Wärme spenden. Später würde sie mit ihm spazierengehen, sie müßte mit ihm spazierengehen. Sie würde zu jenen alleinstehenden Frauen gehören, die Trost suchen bei einem Tier, von vielen belächelt, von einigen verspottet, von wenigen verstanden. Isolde würde über sie lächeln, Asta würde sie wahrscheinlich verstehen. Asta liebt Tiere. Sie hat auch Timm sehr gern gehabt und ist über seinen Tod bekümmert gewesen. Kauf dir einen neuen Hund, hat sie gesagt, der bringt dich auf andere Gedanken. Aber davon will sie nichts wissen! Sie fürchtet sich vor einer neuen Bindung, weil diese Bindung notgedrungen einen neuen Abschied nach sich zieht.

Da liegt sie nun und will den Tag nicht anfangen. Auf dem Nachttisch häufen sich einige Illustrierte, in denen blättert sie abends, aber sie liest nicht intensiv, ihre Gedanken irren immer wieder ab, nehmen Worte und Sätze nicht auf. An Bildern und kurzen Notizen bleiben sie hängen, verharren eine Weile, dann hasten sie weiter. Seltsam die Hast, es drängt sie niemand und nichts, trotzdem kommt sie nicht zur Ruhe. Jetzt langt sie sich eine Zeitschrift herüber, blättert sie durch, ein lachendes Mädchengesicht erinnert sie sogleich an Asta.

Vielleicht wird Asta zum Essen kommen, das ist unbestimmt. Asta legt sich nie fest. Ich komme schon mal vorbei, sagt sie, wenn sie sich verabschiedet, und sie kommt auch. Nur feste Zeiten nennt sie nicht, sie mag sich nicht einengen lassen in Verpflichtungen, in Normen, immer wieder versucht sie auszubrechen, das hat ihnen oft Kummer gemacht. Sie weiß, wie Konrad darunter gelitten hat, als Asta nach dem ersten Jahr ihr Lehrerstudium aufgab. Ich eigne mich nicht für diesen Beruf, erklärte sie ihnen, ich weiß überhaupt nicht, was ich einmal arbeiten werde, ich schaue mich erst einmal um, ich habe viel Zeit, wißt ihr eigentlich, wieviel Zeit ich habe? Macht euch keine Sorgen um mich, ich gehe meinen Weg und komme nicht unter die Räder, also was sollen diese griesgrämigen Gesichter!

Als sie das sagte, hat sie nicht gelacht! Da ähnelte sie diesem Bild in der Illustrierten nicht! Ein hartes Mädchengesicht, zornige Augen, ein gestraffter Zug um den Mund, und der Kopf wurde mit einer energischen Bewegung zurückgeworfen. Ein fremder Mensch – noch heute weiß sie, daß ihr Asta damals fremd vorgekommen ist, quälend fremd und unverständlich.

Das ist so geblieben, es besteht keine immerwährende Harmonie zwischen ihnen, nicht einmal eine gleichbleibende Freundlichkeit. Trotzdem mögen sie sich – sie mag Asta sehr. Allerdings achtet sie darauf, daß sie ihre Liebe hinter Gleichmut versteckt, ein Zuviel an Herzlichkeit und Zuwendung wird von Asta leicht als Belastung empfunden.

Asta...

Sie hat eine Stelle als Kellnerin angenommen, verdient gut, hat sich ihre kleine Wohnung nach eigenem Geschmack eingerichtet, nicht nach dem Geschmack der Mutter. Alles in allem gab und gibt es keinen Grund zur Sorge. Das hat Konrad kurz vor seinem Tod noch zu ihr gesagt, paß auf, hat er gesagt, an Asta werden wir eines Tages auch unsere Freude haben, ich denke, es kommt nicht auf den Beruf an, den man hat, sondern auf den Menschen, der man ist. Damit hat er sicher recht gehabt, ihr aber wäre es lieber gewesen, wenn Asta ihr Studium beendet hätte. Eine abgeschlossene Berufsausbildung bedeutet Sicherheit, bedeutet einen festen Boden, von dem aus man weitere Schritte in unbekanntes Gebiet wagen kann. Asta hat vor der Zeit aufgesteckt – die Folgen muß sie tragen. Noch weiß sie nicht, daß die Schwierigkeiten mit den Jahren nicht abnehmen, sondern auf unerklärliche Weise wachsen, während die Fähigkeit, sie zu überwinden, auf ebenso unerklärliche Weise geringer wird.

Sonntag im Juni!

Gestern ist es sehr heiß gewesen, der Wetterbericht für heute klingt ähnlich. Sicher werden Alexander und Isolde mit Beate baden fahren, Alexander hat im vorigen Jahr einen alten Trabant gekauft, weite Strecken trauen sie dem Wagen nicht zu, aber bis zum Freibad am Schnürsee schafft er es. Hin und wieder kommen sie auch zu ihr, Barsen ist eine Kleinstadt, etwa 50 km von Ahlheim entfernt, sie fahren mit dem Auto eine knappe Stunde. Im Sommer freilich nützen sie lieber das gute Wetter aus, Beate ist so gern am Wasser.

Isolde hat am Freitag bei ihr im Betrieb angerufen und gefragt, ob sie mit zum Baden fahren wolle, sie würden sie dann vormittags abholen. Die Einladung tat ihr gut, aber sie hat abgelehnt. Sie fühle sich nicht wohl, hat sie gesagt, die Hitze mache ihr zu schaffen, sie setze sich lieber auf den Balkon und ruhe sich aus, ein andermal käme sie gern mit. Isolde wünschte ihr gute Besserung, ihre Stimme klang ein wenig enttäuscht.

Kurz nach acht Uhr steht sie auf, stellt sich unter die Dusche, duscht sehr heiß. Dabei betrachtet sie ihren Körper. Von seiner einstigen Schönheit ist nicht viel geblieben. Früher war sie schlank. Niemals zart und zerbrechlich, aber doch schlank. Heute wölbt sich ihr Leib fast wie bei einer Schwangeren, dabei ißt sie nicht viel, sie ist nie der Versuchung unterlegen, sich jenen Kummerspeck zuzulegen, den man später nicht mehr los wird. Trotzdem hat sie zugenommen, das kann sie nur durch geschickte Kleidung kaschieren. Die Brüste sind voll, die Schultern breit, eine Frau, die noch zupacken kann, wenn es darauf ankommt, aber irgendwie hat das Leben sie an den Rand gespült, da steht sie nun und weiß mit sich und mit ihrer Kraft nichts mehr anzufangen und ist zum Verzweifeln traurig. Wenn früher die Sonne schien, hielt sie es daheim nicht mehr aus, beeil dich, hat sie Konrad zugerufen, die Vögel warten schon auf uns! Jetzt mag sie die Sonne nicht mehr, es ist ihr fast lieber, wenn morgens ein wolkenverhangener Himmel jeden Spaziergang verwehrt.

Zum Frühstück trinkt sie nur einen starken Kaffee, räumt danach die Wohnung auf, das geht schnell, sie läßt nie etwas herumliegen, selbst wenn sie ein paar Tage nicht Staub wischt, behalten die Zimmer ihr gepflegtes Aussehen. Den Blattpflanzen gibt sie freilich jeden Tag frisches Wasser, sprüht auch die Blätter ab, Pflanzen sind Lebewesen, die ihre Zuwendung brauchen, auch dann, wenn ihr eigentlich nicht nach Zuwendung zumute ist.

Später klopft sie die beiden Schnitzel – es wäre schön, wenn Asta zum Essen käme –, steht herum, lauscht, hört nichts als den eigenen Herzschlag. So viele Stunden bis zum Abend, und was soll sie mit ihnen beginnen? Zu allem fehlt die Lust, was lustlos getan wird, taugt nichts. Wenige Wochen nach Konrads Tod ist sie in hektische Aktivität gefallen, hat selber die Küche gestrichen, später noch den Flur und das Bad, hat Schränke ausgeräumt, Konrads Anzüge und Wäsche nach Gutwill geschickt. Sehr sachlich und ohne jede Gefühlswallung hat sie Unterwäsche, Hemden und Pullover zusammengepackt und die Pakete zur Post geschleppt. Konrad hat sich für sie niemals in Woll- und Kunstfasergarderobe zurückgezogen. Konrad ist ihr so gegenwärtig, daß sie auf Erinnerungsstücke solcher Art verzichten kann. In Gutwill freute man sich über diese Sendung, Schwester Elisabeth hat gleich nach Erhalt der Pakete in der Druckerei angerufen und sich bedankt, seither kommt hin und wieder ein Brief von ihr, und wenn die Schwester in der Stadt zu tun hat, treffen sie sich manchmal und trinken irgendwo einen Kaffee zusammen. Schwester Elisabeth leitet das Alters- und Pflegeheim in Gutwill, in dem ihre Mutter das letzte halbe Jahr ihres Lebens zubringen mußte. Sie starb vor drei Jahren. Seither ist die Verbindung zwischen ihnen beiden nie ganz abgerissen. Sie sind fast gleichaltrig, nur gehört Elisabeth zu jenen unverheirateten Frauen, für die Arbeit und Beruf mehr sind als ein Job, für die beides den einzigen Lebenssinn darstellt. Ein anderer Mensch hätte jene alte Fabrikbesitzersvilla wohl kaum in ein so sauberes, ansprechendes, gut funktionierendes Altersheim umwandeln können, überall spürt man ihre Fürsorge, ihre Überlegung, ihren sehr persönlichen Einsatz. Selbst Katharinas Mutter hat Schwester Elisabeth gelten lassen, und das wollte viel heißen!

Eine dicke Fliege surrt an der Fensterscheibe, sucht einen Weg in die Freiheit, findet ihn nicht, krabbelt über das Fensterglas, sekundenlang verstummt das gleichmäßige Gebrumm. Sie beobachtet sie, öffnet endlich das Fenster und entläßt die Fliege in den Sonnenschein. Möchte aus ihrer Einsamkeit ebenso entlassen werden: Jemand zerschlägt die Wand, hinter der sie hockt, und schiebt sie noch einmal in das volle Dasein – und sie schafft und plant und lacht und lebt und ist mitten im Strom! Zugleich hat sie Angst davor, weil sie das gemeinsam mit Konrad erlebte Leben halten und vor Zugluft bewahren möchte, einfrieren in Erinnerung, zuweilen taut sie einen winzigen Brocken auf und ernährt sich von ihm, der Gedanke, Konrad auf diese Weise vor dem endgültigen Tod bewahren zu können, gewinnt für sie immer mehr an Bedeutung. Er ist ihr nur nicht immer bewußt, es gibt auch Handlungen, die diesem Gedanken zuwiderlaufen. Beispielsweise die Renovierung eines Teils der Wohnung. Hieran hat Konrad keinen Anteil mehr, das hat sie ohne ihn getan, sie bedauert es nicht einmal. Widersprüchlichkeiten, mit denen sie sich abfinden muß wie mit vielem anderen.

Abfinden!

Sie haßt dieses Wort, es verurteilt zu Inaktivität, vorgezogenes Rentenalter, auch das denkt sie, hat es einmal sogar Asta gegenüber laut werden lassen, der heftige Protest der Tochter gefiel ihr, obwohl Asta nicht eben fein mit ihr umgesprungen ist. So leicht kannst du es dir nicht machen, hat Asta sie angeschrien, damit tust du Vater keinen Gefallen, nun mach dir endlich klar, daß du noch keinen Anspruch auf Ruhestand hast, daß du noch verpflichtet bist, etwas aus dem Rest deines Lebens zu machen, jawohl REST, ich sage es, wie es ist, aber auch der Rest ist zu kostbar, als daß du ihn vergammeln darfst. Mit mir meckern, weil ich mit meinem Leben deiner Ansicht nach nicht zurechtkomme, sich aber selbst ins Leiden zurückziehen und das Leiden kultivieren, das finde ich echt dumm!

Es gibt Worte, die in ihrer Familie nur Asta gebraucht.
Beispielsweise das Wort ECHT!

ECHT dumm, ECHT schön, ECHT anständig. Für Isolde und Alexander hat dieses Wort die gleiche Bedeutung wie für sie selbst, echtes Silber zum Beispiel. Das Adjektiv wird selten gebraucht. Asta hingegen strapaziert es über Gebühr, das klingt manchmal reichlich albern.

Gestern hat sie die Wohnung durchgewischt, auch die Möbel abgerieben, nur den kleinen Sekretär am Fenster nicht. Plötzlich hatte sie keine Lust mehr. Der Sekretär dient ihr in der Hauptsache als Ablage, ein angefangener Pullover für Beate liegt auf der Schreibplatte, daneben steht ihr Nähkästchen und eine Vase mit Blumen. Die hat ihr Beate zu Pfingsten geschenkt. Am Vormittag des ersten Pfingsttages sind die Kinder zu ihr gekommen und haben bei ihr zu Mittag gegessen, nur Asta fehlte, sie war über Pfingsten mit ihrem Cousin Paul an der Ostsee, ihr neuer Freund war auch dabei, den hat sie ihr aber noch nicht vorgestellt. Paul ist der Sohn ihrer Schwester, er studiert hier an der Pädagogischen Hochschule, ab und zu erscheint er bei ihr zum Abendessen, bringt seine schmutzigen Sachen mit, die sie ihm wäscht und plättet. Die Blumen sind zwar verwelkt, aber sie kann sich nicht entschließen, sie wegzuwerfen.

Also gut, sie räumt jetzt das Nähkästchen auf, mehr bleibt ihr an diesem Vormittag wirklich nicht zu tun. Warten – worauf? Jemand steckt einen Schlüssel ins Schlüsselloch und erlöst sie aus der Einsamkeit...

Als sie das Nähkästchen aufklappt, entdeckt sie den Brief, der gestern gekommen ist, von Schwester Elisabeth, sie kennt längst diese kleine, kaum leserliche Handschrift. Ungeöffnet hat sie ihn auf den Sekretär gelegt, sie hatte keine Lust, an Gutwill erinnert zu werden. Da liegt die Mutter im Bett und will

sterben und kann nicht sterben, bei jedem Besuch hört sie die gleichen Worte, ein bitterer Vorwurf gegen Gott, an den hat Mutter wohl nie so recht geglaubt. Warum muß ich hier noch herumliegen, schlagt mich doch tot, dann seid ihr mich los, ich bin allen eine Last, auch dir, brauchst gar nicht so ein Gesicht zu machen, geheuchelte Anteilnahme, ich weiß schon! Möchtest lieber mit Konrad eine Radtour unternehmen, ihr habt mich wahrlich oft genug allein gelassen, und nun laßt ihr mich hier auch allein, aber noch tu ich euch den Gefallen nicht und mach mich ganz davon, noch nicht! Das wurde über sie geschüttet wie ein Bottich mit scharfer Lauge, und sie saß hilflos auf dem Stuhl am Bett und schämte sich und zwang sich zur Ruhe, am liebsten hätte sie die Mutter angeschrien, aber so ist es doch nicht, hätte sie schreien mögen, warum verdirbst du uns diese letzte Zeit, du weißt doch genau, wie sehr ich dich immer geliebt habe! Du hast stets zu uns gehört, nie haben wir dich an die Seite gedrängt, nicht einmal Konrad hat das getan, und dabei ist er nur dein Schwiegersohn. Warum zerstörst du nun das Bild, das ich mir von dir gemacht habe: eine gütige, liebevolle Frau, die mich versteht und achtet, so wie ich sie verstehe und achte? Ich hätte dich niemals in ein Pflegeheim gebracht, wenn du dir nicht diesen Bruch zugezogen hättest, aber du kannst unmöglich den ganzen Tag über allein zu Haus liegen, und ich könnte dich auch nicht heben, dazu bist du zu schwer. Du hast hier bessere Pflege, und ich komme jede Woche zu dir, warum läßt du mich nicht in Frieden und verfolgst mich mit deinem Haß?

Einmal hat sie das wirklich gefragt, nicht um Mutter zu ärgern! Sie wollte nur wissen, woran sie ist. Eine sachliche Frage, ihrer Meinung nach berechtigt nach diesen vielen Beschimpfungen zuvor. Aber sie erhielt keine Antwort darauf, Mutter hat sich in einen Schreikrampf gerettet, Schwester Elisabeth mußte ihr eine Spritze geben, von da an ist sie jedem ernsthaften Gespräch mit der alten Frau ausgewichen. Ein solches Gespräch ist einfach nicht mehr möglich gewesen. Verkalkung des Gehirns, medizinisch sehr einleuchtend zu erklären, dennoch nicht zu begreifen, ein Mensch wirkt äußerlich nicht verändert, aber innerlich gleicht er sich nicht mehr, ist ein Fremder, gestorben vor der Zeit.

Man kann auf mancherlei Weise vor der Zeit sterben, seit Konrads Tod hat sie das begriffen. Nun möchte sie der Mutter manche Unduldsamkeit abbitten, aber das ist nicht mehr möglich. Zu größeren Auseinandersetzungen zwischen ihnen ist es kaum noch gekommen. Freundlich und geduldig hat sie am Bett gesessen, hat Klagen und Anklagen ertragen, hat die Stunden genossen, in denen Mutter gewesen ist wie früher, auch das hat es gegeben, sie hat sogleich an den Augen erkannt, in welcher Stimmung sich die alte Frau befunden hat, und die guten Stimmungen hat sie genutzt, an diesen Tagen ist sie so lange wie möglich geblieben.

Vielleicht kündigt die Schwester im Brief einen ihrer seltenen Besuche an! Zuweilen fährt sie in die Stadt, um Einkäufe zu erledigen, dann schaut sie hin und wieder bei ihr herein. Gutwill ist dem Gesundheitswesen der Stadt Ahlheim unterstellt, es liegt etwa 30 km von dort in südlicher Richtung in einer keineswegs sehenswerten Landschaft, Hochebene, durchzogen von einzelnen Baumgruppen, zerschnitten von kleinen Bachtälern, die Dörfer sind spielerisch hineingestellt in die Korn- und Rübenfelder. Auch Gutwill liegt auf der Höhe, von der tiefer gelegenen Bushaltestelle aus ähnelt das Gebäude einem kleinen Schloß, hier ein Erker, dort ein Türmchen, wir haben es ja, soll die Umwelt sehen, daß wir reich sind! Jetzt trägt die Nachwelt die Last der Reparaturen, irgendwo am Haus steht immer ein Gerüst, eine völlige Rekonstruktion wäre notwendig, aber da man die alten Leute nicht einmal vorübergehend in ein anderes Haus ausquartieren kann, sind bei voller Belegung Wiederaufbauten immer nur teilweise möglich. Die Handwerker gehören sozusagen zum Personal.

Sie setzt sich in den Sessel, dessen Füße noch die Spuren von Timm's Zähnen aufweisen, und beginnt zu lesen, nimmt Worte wahr, Sätze, die Frage nach ihrem Ergehen wird gestellt, die Hoffnung geäußert, daß sie sich besser fühle. Eine kurze Einleitung, die zum Wesentlichen hinführt – Schwester Elisabeth ist nie ein Mensch gewesen, der lange Vorreden liebt. Auch in diesem Brief nicht!

„Ich denke viel an Sie, Katharina, das ist nicht nur so dahingeschrieben. Ich male mir aus, wie Sie leben, und dann packt mich jedesmal die Vorstellung, Sie wären hier und würden in dem großen Heim gemeinsam mit mir arbeiten. Ich gestehe unumwunden zu, daß mir der Mitarbeitermangel schlaflose Nächte bereitet. Sie wissen, daß unser alter Herr Bräuning, der mir über lange Zeit hin so tüchtig geholfen hat im Büro, gestorben ist. Nun habe ich niemanden mehr, der mir die Büroarbeit abnimmt, das ist dann sozusagen meine dritte Schicht, und auf die Dauer halte ich das nicht durch. Ihnen aber gleitet in der Einsamkeit das Leben durch die Finger – so ist es doch, nicht wahr? Ich bitte Sie daher ernsthaft, folgenden Vorschlag zu bedenken und zu prüfen: Sie kommen hierher, übernehmen unser Büro, da hätten Sie vormittags mehr als genug zu tun. Nachmittags können Sie sich mit um die Küche kümmern oder um die Nähstube, Sie könnten auch ein bis zwei Stunden auf der Pflegestation arbeiten. Wir haben zu wenig Pflegerinnen, wir haben keine Bürokraft, wir haben keine Köchin. Ein kleines Zimmer steht zu Ihrer Verfügung, doch würde ich Ihnen natürlich raten, die Wohnung in der Stadt zu behalten, denn an Ihren freien Tagen werden Sie bestimmt gern in die Ruhe zurückkehren wollen. Die würde Ihnen dann wieder guttun, während sie Ihnen jetzt Qual bereitet. Katharina, hier werden Sie gebraucht! Und ist dies nicht Ihr größtes Problem, auch wenn Sie es sich nicht so klar und eindeutig eingestehen wollen: daß Sie nicht mehr gebraucht werden? Ihr Mann ist tot, Ihre Kinder haben sich selbständig gemacht. Sie sitzen da und warten, daß man zu Ihnen kommt, und Sie tun sich selbst leid, weil niemand kommt. Damit wird nichts geändert. Ihr Mann wird nicht mehr lebendig, und Ihre Kinder kehren nicht in die mütterliche Obhut zurück. Es liegt allein an Ihnen, ob Sie aus Ihrem Leben noch etwas Vernünftiges machen. Vernünftig ist, dort zuzupacken, wo man gebraucht wird. Wir brauchen Sie! Immer, wenn ich zerschlagen und müde im Bett liege und grüble, wie ich den nächsten Tag durchstehen soll, sehe ich Sie vor mir, wir sitzen in Ihrem Wohnzimmer und trinken Kaffee, und Sie klagen nicht, Sie lächeln und spielen die ruhige Frau, aber ich sehe Ihren Augen an, daß Sie wie ein eingesperrtes Tier in einem Käfig umherirren. Etwas Neues wagen, gerade in Ihrer Situation! Und dann denke ich: Hier würde sie nicht grübeln, hier würde sie zu tun haben, und abends würde sie so müde sein wie ich, und sie würde das gute Gefühl genießen, das ein erfüllter Tag bereitet. Ich glaube bestimmt, Ihr Mann wäre mit einer solchen Veränderung Ihres Lebens sehr einverstanden. Überlegen Sie es sich – aber überlegen Sie nicht zu lange! Kommen Sie bald nach Gutwill! Helfen Sie mir, damit ich unter der Arbeitslast nicht zerquetscht werde wie eine Fliege. Helfen Sie mir, damit die alten Leute sich hier weiter wohl fühlen können. Helfen Sie sich, indem Sie uns helfen. Ich habe mehr Arbeit zu vergeben, als mir lieb ist!"

❧

Welch unglaubliche Zumutung!

Ausgerechnet nach Gutwill soll sie. Sie, die mit alten Leuten nicht umgehen kann, die ihnen möglichst ausweicht, weil sie ihren Starrsinn und Egoismus nicht erträgt. Bürokraft – das wäre noch zu bedenken! Auch die Arbeit in der Küche wäre zu bedenken. Altenpflege jedoch – Finger weg, das ist nichts für sie.

Der Brief fliegt auf den Tisch. Hoch aufgerichtet steht sie mitten im Zimmer, voller Protest, voller Ablehnung. Voller Zorn auch: Was wird ihr da zugemutet?

Zugleich fragt sie sich erstaunt, ob sie etwa mit dem Leben, das sie jetzt lebt, doch zufrieden ist, weil sie es wie einen Schatz zu verteidigen scheint? Immerhin weiß sie, was sie hier hat. Was sie sich möglicherweise mit Gutwill einhandeln kann, weiß sie nicht. Sie ahnt es nur.

Da hat dieser Sonntag, vor dessen Gleichförmigkeit und Leere ihr bang gewesen ist, plötzlich ein anderes Gesicht bekommen. Ein drohendes und zugleich lockendes Gesicht: Immerhin könnte man einmal in Gedanken nach Gutwill gehen und sich die Sache vorstellen, als Füllsel für fade Stunden. Zudem muß sie nach kräftigen Argumenten suchen, die sie der Schwester brieflich mitteilen kann, um ihre Ablehnung verständlich zu machen.

Ausgerechnet Gutwill!

Sie weiß noch genau, wie es gewesen ist, als sie die Mutter auf dem Krankentransport begleitete ...

❧

Mutter hatte einen ihrer wachen, friedlichen Tage. Das Bein schmerzte nicht, sie fühlte sich verhältnismäßig wohl. Mit der Tatsache, in ein Pflegeheim einziehen zu müssen, hatte sie sich allem Anschein nach abgefunden. Da erfahre ich noch etwas Neues auf meine alten Tage, scherzte sie, der Mensch lernt nie aus, es wird ja hoffentlich nicht für lange sein, ich finde, meine Zeit auf dieser Welt ist schon weit überschritten. Sie war damals 85 Jahre alt, bis zu ihrem Unfall hatte sie noch ein wenig gekocht und auch im Haushalt herumgekramt. Aber ein falscher Tritt in der Küche – und die alte Frau rutschte aus, stürzte, kam nicht wieder hoch. Asta fand sie mittags, rief sofort die Medizinische Hilfe an, man brachte sie in die Klinik, auf der Fahrt wimmerte sie vor Schmerzen. Oberschenkelhalsbruch – was getan werden konnte, um ihr wenigstens die Schmerzen zu nehmen, wurde getan, schon beim ersten Gespräch freilich erklärte der Arzt, daß sie fortan liegen müsse, sie könne nie wieder aufstehen und gehen.

Gutwill auf der Höhe. Die Villa nebst einigen Wirtschaftsgebäuden bildet einen einheitlichen Komplex. Hinter dem Haus zieht sich ein großer, gepflegter Park den Abhang hinunter, der Baumbestand ist alt, die Rotbuche und die Linden gleich am Eingang zählen bestimmt einige hundert Jahre.

Es war ein warmer, freundlicher Frühsommertag, an dem Mutter hier ihren Einzug hielt. Auf den Bänken vor dem Haus und im Park saßen viele alte Menschen und genossen die milde, reine Luft. Mutter atmete tief, als sie auf der Trage aus dem Auto gehoben wurde, und sagte: Riecht gut! Sie gab Schwester Elisabeth, die sie auf der Treppe begrüßte, freundlich die Hand, nannte selbst ihren Namen, stellte die Tochter vor, sie fühlte sich daraufhin wie eine dumme Göre, so erging es ihr mit ihrer Mutter häufig. Für Mutter blieb sie immer das Kind, für das gesorgt und das erzogen werden mußte. Die Tatsache, daß sie damals einundfünfzig Jahre alt und selbst schon Großmutter war, interessierte die alte Frau nicht. Benimm dich anständig, das war ihre Rede. Bei ihrem Einzug in Gutwill sagte sie es allerdings nicht. Sie verlangte nach einem Bett in der Nähe eines Fensters, sie brauche viel frische Luft, sehr warm dürfe es auch nicht sein, stets hätte sie unter der Wärme und Hitze der Sommer zu leiden gehabt. Schwester Elisabeth ging in ihrer höflichen Art auf sie ein, kam ihren Wünschen, so weit es möglich war, entgegen, stellte ihr die beiden anderen Frauen vor, die mit ihr das Zimmer teilten, machte sie mit den Pflegerinnen bekannt, Schwester Ruth und Schwester Irmela, brachte selbst eine Tasse Fleischbrühe – damit es Ihnen nach der Fahrt nicht so öde im Magen ist – und bat die Tochter zur Erledigung aller Formalitäten später in das Büro. Im Büro lernte sie Herrn Bräuning kennen, einen feinen, alten Herrn, der zusammen mit seiner Frau ein Zimmer im Altersheimtrakt bewohnte und sich im Büro noch nützlich machte, wie er es bescheiden ausdrückte. Schwester Elisabeth widersprach sofort, Herr Bräuning ist mein zuverlässigster Mitarbeiter, sagte sie, ich wage nicht daran zu denken, was einmal sein wird, wenn er nicht mehr hier arbeiten kann. Herr Bräuning lächelte dankbar, dann nahm er Mutters Personalien auf, erbat ihre eigene Adresse und vielleicht noch eine Telefonnummer, unter der sie schnell zu erreichen wäre, man könne ja nicht wissen, und bei dem Alter müsse man mit allem rechnen. Er sagte das sehr sachlich, ohne jenen gewissen Ton, mit dem Mutter ihr in den letzten Wochen oft das Wort im Mund zerstörte, bevor es ausgesprochen war, wie kann man mit einem Menschen, der ständig vom Sterben spricht und seinen baldigen Tod zum Mittelpunkt aller Geschehnisse macht, noch über alltägliche, aber lebenswichtige Probleme reden?

Mutter bekam ein Bett am Fenster. Wenn Katharina jetzt die Augen schließt und sich Mutters Zimmer vorstellt, sieht sie die Linden, unter dem Fenster Fliederbüsche, in der näheren Umgebung Akazienbäume, in der Ferne das Feld. Als Mutter eingeliefert wurde, glich es einem weiten, grünen Meer, über das der Wind strich, die sanften Wellen setzten sich bis zum Horizont fort, ein blaßblauer Himmel wölbte sich darüber, von weißen Sommerwolken zerteilt. Im Laufe des Sommers veränderte sich das Feld, zwei Wochen leuchtete es in sattem Gelb, dann empfing es sie mit dem Anblick brauner, fetter Erde, bis wenig später wieder alles grün war, Zwischenfrucht, erklärte Schwester Elisabeth, das Vieh will auch etwas zu fressen haben. Es tat ihr immer leid, daß Mutter dieses Feld nicht sehen konnte, sie lag zwar am Fenster und hatte frische Luft, aber sie schaute zur Tür, immer und ständig zur Tür, nur wenn sie den Kopf verrenkte, konnte sie ein Stück des Himmels erkennen und einen Zweig des Fliederbaumes, den der Wind leise gegen das Fenster schlug und auf dessen höchstem Wipfel zuweilen eine Amsel saß und den Abend herbeisang.

Nie zuvor hat sie so viele Vögel singen hören wie im Park von Gutwill! Nicht einmal im Grund bei Klosen, dem Ausflugsziel ihrer Sonntagnachmittage. Während des halben Jahres, als Mutter in Gutwill lag, haben Konrad und sie ihre Radtouren am Sonnabend unternommen, der Sonntag gehörte der Mutter, darüber wurde nicht weiter gesprochen. Meist kam Konrad mit, er begrüßte Mutter und setzte sich dann zu den alten Leuten auf eine der Bänke unten im Park, dort konnte er rauchen. Er rauchte Pfeife, die meiste Zeit rauchte er sie kalt, er fühlte sich wohl, wenn sie ihm zwischen den Zähnen hing und er darauf herumkaute. Er kam sehr bald mit den alten Männern und Frauen ins Gespräch, erfuhr ihre Krankheiten und ihren Streit mit den Kindern, fast alle hatten sie Streit mit den Kindern, das war schon merkwürdig. Manchmal unterhielten sie beide sich auf der Heimfahrt darüber, es richtet sich niemand beizeiten auf das Alter ein, sagte Konrad, wenn man die Fünfzig überschritten hat, müßte man ganz bewußt darauf zuleben, sich vielleicht um einen Heimplatz oder um eine andere letzte Bleibe kümmern und diese Station nicht als Notlösung ansehen, sondern als Aufgabe; dann tut man sich nicht selbst leid, wenn man die eigene Wohnung aufgeben muß, und man hegt auch keinen Groll auf die Kinder, weil sie einen nicht zu sich nehmen können und wollen. In diesen engen Wohnungen käme es erst recht zu Streitigkeiten. Abfinden und annehmen, die letzten Jahre als Aufgabe annehmen, als schwerste Aufgabe, die ein Mensch meistern muß, und er kann sie nur meistern, weil er im Laufe des Lebens weise geworden ist und Abstand gewonnen hat zu sich selbst...

Konrad hat sich viele Gedanken über das Altwerden gemacht, die Menschen von Gutwill haben ihm geholfen, das Altwerden nicht als Last, sondern als Aufgabe zu sehen, als Aufgabe, das eigene Leben bewußt zu Ende zu leben und nicht starr und müde das Ende zu erwarten. Aktiv bleiben, auch die Möglichkeiten, die die letzten Jahre schenken, nutzen. Daß er dann sehr plötzlich binnen weniger Minuten Abschied nehmen mußte von diesem herrlichen, bedrückenden, schweren und guten Leben, ahnte damals keiner von ihnen beiden.

Gutwill also, der Park mit den vielen Vögeln. Amseln, Finken, Stare, Pirole, Rotschwänzchen und Nachtigallen. Es ist aber auch das Haus, in dem es nach scharfen Desinfektionsmitteln riecht, stärker als in jedem Krankenhaus. In Zimmer 5 auf der Pflegestation lag eine Frau, die mindestens zweimal am Tag das Bett vollmachte, Schwester Elisabeth erwähnte es einmal seufzend, wir setzen sie jeden Abend in die Badewanne und waschen sie gründlich, aber der Geruch haftet an ihr, wir sind machtlos gegen ihn, sagte sie.

Und da soll sie hin? Sie, Katharina Bessner, soll dorthin?

❦

Da hat sie nun eine Nuß zu knacken bekommen, an der kann sie sich, wenn sie nicht achtgibt, die Zähne ausbeißen. Plötzlich lastet nicht mehr die Leere und Stille dieses Sonntags auf ihr, sondern die Bitte: komm und hilf – sie will nicht helfen, sie will ihre Ruhe haben, ihre so inbrünstig gehaßte Ruhe!

Immer noch ärgerlich, legt sie Elisabeths Brief auf den Sekretär zurück. Gut, daß sie ihn gestern zu lesen vergaß, sie hätte die ganze Nacht nicht schlafen können. Sie hat auch so schlecht geschlafen, eingehüllt in diese Last von Müdigkeit, es ist alles niederdrückend, und sie kann es nicht ändern. Sie kann es auch nicht durch einen Kraftakt ändern: Leben in Gutwill!

Jetzt braucht sie unbedingt noch einen Kaffee. Und dann braucht sie einen Likör. Sie trinkt ihn seit einiger Zeit ganz gern, er bekommt ihr besser als der Korn, den Konrad früher oft nach dem Abendessen getrunken hat, im Kühlschrank steht ein Kaffeelikör, der ist nicht sonderlich stark, aber er vertreibt das flaue Gefühl im Magen. Sie trinkt gleich aus der Flasche, nur keine Umstände, es sieht niemand zu. Sie ist allein und kann sich gehenlassen, erst einen Kaffeelikör, danach einen Kaffee, so kommt sie über die nächste Stunde. Und dann muß sie etwas tun, sonst reißen die Gedanken sie in einen Strudel, aus dem sie nicht herausfindet, sie schält die Kartoffeln, bereitet den Salat vor, es wäre gut, wenn Asta käme, sie möchte mit einem Menschen sprechen und diese Ungeheuerlichkeit ausbreiten und gemeinsam mit ihm besprechen: Gutwill!

Aber als Asta dann wirklich kurz nach elf Uhr erscheint – sie braucht nicht zu klingeln, sie hat immer noch einen Schlüssel zur elterlichen Wohnung – als die gewohnten Begrüßungsworte gewechselt sind – bleibst du zum Essen? – gern, wenn du mich eingeplant hast – als sie nebeneinander auf dem Balkon stehen und sie ein wenig neidisch die biegsame, schlanke Gestalt der Tochter betrachtet, nicht gradezu, nur aus den Augenwinkeln heraus, sagt sie herausfordernd und ohne Umschweife: Schwester Elisabeth hat mich gebeten, nach Gutwill zu kommen und dort das Büro und eventuell die Oberaufsicht über die Küche zu übernehmen, ich gehe wahrscheinlich hin!

Asta sagt nichts. Sie dreht sich zur Mutter um. Sieht sie an, sieht sie ganz unverhohlen an. Und lächelt schließlich.

Ein Spaß, nicht wahr? Das ist nicht dein Ernst. Du kannst doch dein bisheriges Leben nicht ausziehen, an den Nagel hängen, dir vom nächsten Nagel ein neues Leben angeln, überstreifen und dich davonmachen!

Warum kann sie das eigentlich nicht?

Nein-nein, Mutter, das ist eine dumme Spinnerei, nimm es mir nicht übel, ich kann das nicht ernst nehmen. Du gehörst hierher, in diese Wohnung, nun spiele keinen Aufbruch, dazu bist du zu alt. Hier hast du deine gewohnte Arbeit und deine gewohnte Umgebung, wir sind da, besuchen dich, du bist doch nicht allein! Gutwill – ich bin nur zweimal bei Großmutter gewesen, aber mich hat es dort geschüttelt! Es hat nach Verwesung gestunken, jawohl, gestunken hat es! Dort paßt du nicht hin! Mach keinen Unsinn – Gutwill ist in keiner Hinsicht etwas für dich. Wenn du später nicht mehr allein sein kannst, nimmt dich schon eine von uns beiden und pflegt dich. Diese Schwester hätte sich das schenken können – ehrlich!

Jetzt lächelt sie nicht mehr! Sie hat beide Hände zu Fäusten geballt – Drohhaltung ihrer Jüngsten, darin kennt sie sich aus! Schon als kleines Mädchen ist Asta mit geballten Fäusten auf jeden Widersacher losgegangen, die Prügel, die sie sich selbst damit einhandelte, nahm sie verbissen in Kauf. Dreinschlagen, sich wehren, die eigene Meinung verteidigen, sich durchsetzen, auch auf die Gefahr hin, von keinem verstanden zu werden, härter scheinen, als man ist, die eigene Empfindlichkeit hinter scharfen, schroffen Worten verbergen. Reg dich nicht auf, immerhin bin ich noch am Leben, und das heißt: Es sind Veränderungen möglich. Absolut in jeder Hinsicht ist nur der Tod!

Kaum ist das ausgesprochen, stutzt sie.

Veränderungen sind möglich – das sagt sie, die sich eingemauert hat in Erinnerungen! Kein Wunder, daß Asta nun die

Fäuste öffnet – Zorn ist hier nicht am Platz, eher Erstaunen: Was ist eigentlich mit dir los?

Nun brauchen sie beide einen Likör.

Asta holt die Balkonstühle, die zusammengeklappt in der Speisekammer stehen, holt auch den kleinen Kindertisch, legt die gestickte Decke auf – ihre erste Handarbeit, sie war neun Jahre, als sie sie der Mutter voller Stolz zu Weihnachten schenkte – nimmt Likörgläser aus dem Schrank, jetzt wird nicht die Flasche an den Mund gesetzt. Sie trinken, und sie betrachten einander verstohlen. Wenn sie zufällig dem Blick der anderen begegnen, schauen sie schnell auf die Straße hinab, die sich in sonntägliche Ruhe gekleidet hat. Kaum Autolärm, irgendwo spielt ein Radio, die Musik schwebt über den Baumwipfeln bis zu ihnen herauf. Die Wohnung liegt im dritten Stock, von hier schaut man über Robinien hinweg auf den Kirchhügel mit der Johanneskirche, eine Idylle, die kaum in diese große, hektische Stadt zu passen scheint. Die Lage der Wohnung hat alle stets entschädigt für den knapp bemessenen Raum, der ihnen jahrelang zur Verfügung gestanden hat. Als die Kinder noch klein waren, schliefen die Eltern auf der breiten Couch im Wohnzimmer, ihr Kleiderschrank stand mit im Kinderzimmer. Das schmale Zimmer neben der Küche gehörte der Großmutter, die nach Großvaters Tod zu ihnen zog, sie hielt sich dort aber nur zum Schlafen auf, tagsüber wirtschaftete sie in der Küche oder saß bei gutem Wetter auf dem Balkon und las. Immer mußte einer auf den anderen Rücksicht nehmen, wahrscheinlich haben sich die Kinder auch aus diesem Grund so früh in die Selbständigkeit geflüchtet, bei Isolde ist es bestimmt eine Flucht gewesen. Gleich nach ihrem Examen, neunzehnjährig, hat sie Alexander geheiratet, eine kleine Wohnung wurde ihnen zugewiesen, die bauten sie sich aus, mit Konrads Hilfe, das muß dabei unbedingt erwähnt werden. Nun habe ich endlich Platz, sagte sie auf dem Standesamt, als die Eltern ihr Glück wünschten, nun trete ich nicht bei jedem Schritt einem auf die Füße, was meint ihr, wie froh ich darüber bin! Sie waren sich nicht sicher, ob dieses Glücksgefühl Alexander oder dem neuen Zuhause galt, sie fragten auch nicht, mit Isolde sind sie immer sehr behutsam umgegangen, Isolde ist empfindlich und nachtragend, ein falsches Wort, und sie zieht sich in sich selbst zurück und kommt wochenlang nicht zum Vorschein!

Seit Konrads Tod gibt es hier bei ihr Platz im Überfluß! Das kleine Zimmer der Großmutter hat die Nachbarfamilie übernommen, die Tür zum Korridor ist vermauert worden, eine andere Tür wurde in die Längswand gebrochen, das Zimmer gehört nicht mehr zur Wohnung, und Müsselins wissen endlich, wo sie den ältesten Sohn unterbringen können. Sie haben drei Kinder, einen Jungen von dreizehn Jahren und Zwillinge von acht Jahren, ihre Wohnungssorgen waren gut zu verstehen. Die Verwaltung war von dieser Veränderung sehr angetan, die übrigen Zimmer können Sie behalten, Frau Bessner, sagte man, wir weisen Ihnen keinen Untermieter ein.

Das hätte ihr noch gefehlt: Untermieter!

Erzähl mir von dir, sagt sie zu Asta. Was gibt es Neues?

Das hätte sie nicht fragen sollen. Astas Gesicht verschließt sich – was soll es schon Neues geben, sagt sie schroff, ich schufte meine Zeit ab, und danach lebe ich, was soll die Fragerei? Hast du nichts anderes auf Lager?

Doch. Gutwill!

Asta beißt die Zähne auf die Unterlippe. Jetzt ähnelt sie dem Mädchen, dessen Bild an der Schlafzimmerwand hängt. Ein neugieriges, fragendes, ängstliches Gesicht, jede Spur von Überlegenheit ist weggewischt.

Willst du das denn wirklich? Hier alles aufgeben und nochmals etwas ganz anderes anfangen? So aus freien Stücken? Ohne Zwang? Auf Bequemlichkeit verzichten, Unbequemlichkeiten dafür einhandeln – und sehr bald wird dir sicher alles zuviel, und du ergreifst die Flucht und machst dadurch alles nur schlimmer?

Diesen Fragen kann man nicht mit einer Provokation beikommen. Diese Fragen verlangen nach Ehrlichkeit.

Ich weiß es nicht, antwortet sie langsam. Meine erste Reaktion auf Schwester Elisabeths Brief war ein glattes Nein. Jetzt möchte ich die Möglichkeit immerhin schon erwägen. Du solltest es auch tun. Die Entscheidung muß ich freilich allein treffen.

Aber denk doch an uns! Wir brauchen dich hier!

Braucht ihr mich wirklich?

Darauf schweigt Asta. Mutter hat immer so eine direkte Art, Fragen zu stellen – was soll sie jetzt darauf antworten? Mutter kann auch auf eine direkte Art schweigen: Man fühlt sich verunsichert und rettet sich in Trotz und Auflehnung, das ist schon früher so gewesen und bis heute so geblieben. Zudem hat Asta ihrer Mutter gegenüber stets ein schlechtes Gewissen, weiß der Teufel, warum, sie kann es sich selbst nicht erklären. Regelmäßig wird sie aus einem gewissen Selbstschutz heraus ungerecht und aggressiv, zu spät spürt sie, daß sie wieder weit über das Ziel hinausgeschossen ist.

Es wäre viel zu schwer für dich, sagt sie. Du wärst dieser Belastung dort nicht gewachsen. Bleib in deiner beruflichen Umgebung, die du kennst, und laß die Finger von Dingen, die du nicht bewältigst!

Was bewältigt sie nicht?

Wie meint das die Tochter? Woher nimmt sie das Recht, mit solcher Großzügigkeit die Lebenskraft der Mutter zu beurteilen? Schwierigkeiten haben nur wir Jungen, und wir werden damit fertig, ihr Alten dagegen versagt auf der ganzen Linie ...

Wenn Asta wüßte ...

Sie haben nie viel von früher erzählt, von ihrer Kindheit, Kriegszeit, Nachkriegszeit, da hatten Konrad und sie den gemeinsamen Anfang gewagt, aber leicht haben sie es nicht gehabt, bei Gott nicht! Sie haben ehrlich schuften müssen, um sich alles Lebensnotwendige anzuschaffen, aber sie haben es erreicht. Sie haben sich durchgebissen und nie vor Schwierigkeiten kapituliert. Ihre Mutter hat ihnen dabei geholfen, das hat sie ihnen oft genug ins Gedächtnis gerufen! Ohne mich hättet ihr nicht einmal ein Bett gehabt, pflegte sie anläßlich kleinerer Reibereien zu sagen. Aber Undank ist der Welt Lohn, warum sollte es in eurem Fall anders sein? Anfangs gab es zwischen ihr und Konrad harte Auseinandersetzungen, später wich Konrad jedem Streit aus, es hat keinen Zweck, sich mit ihr einzulassen, sagte er, gegen ihren Holzkopf kommt niemand an.

Schwierigkeiten – ist das jahrelange enge Zusammenleben mit ihrer Mutter etwa keine Schwierigkeit gewesen? Aber wenn sie einmal klagte, sagte Asta nur: Du bist altmodisch! Trenn dich von ihr, dann ist keiner mehr da, der dir in deine Angelegenheiten hineinredet. Das hat sie nicht fertiggebracht, sie hat vielmehr versucht, allen Anforderungen gerecht zu werden. Versucht hat sie es – gelungen ist es ihr selten.

Altmodisch – das heißt doch auch gleichzeitig: verstaubt!

Sie ist sich nie verstaubt vorgekommen. Nicht einmal jetzt, wo sie im Grunde an ihrem Leben vorbeilebt. Nein, nicht einmal jetzt.

Asta hat das alte Kofferradio aus dem Schlafzimmer geholt, Diskomusik fällt nun von ihrem Balkon herab in die ruhige Straße. Die Arme sind hinter der Stuhllehne verschränkt, das Gesicht wird mit geschlossenen Augen der Sonne entgegengehalten. Ein junges, schutzloses Gesicht. Ihr ist die Musik zu laut, aber sie weiß von früher: Asta hat es je lauter – je lieber. Zeichen von Jugend: Lärmunempfindlichkeit?

Noch einen Likör, dann setzt sie die Kartoffeln auf.

Wie fremd ihr doch oft die eigenen Kinder sind! Das spürt sie nicht erst jetzt und heute, das ist auch eine dieser Erfahrungen ihres Lebens, auf die sie gern verzichtet hätte. Wahrscheinlich hat sie von ihrer Mutter ein falsches Mutter-Kind-Bild übernommen, und nun stellt sie übertriebene Ansprüche. Etwa so: Anfangs ist die Mutter für die Kinder da, und späterhin die Kinder für die Mutter. So hat sie es, wenn auch oft knurrend, gehalten. Ihre eigenen Töchter aber setzen sich über solche Ansichten hinweg. Wir sind nicht gefragt worden, ob wir haben leben wollen, nun müssen wir sehen, wie wir mit dem Leben fertig werden. Verpflichtungen allein aus der Tatsache, geboren worden zu sein, lehnen wir ab.

Bei Tieren sind solche Enttäuschungen unmöglich. Die Tiermutter säugt ihre Jungen, bleibt bei ihnen, bis sie selbständig geworden sind, dann verläßt sie sie, es kommt oft vor, daß sie ihnen später feindlich gegenübersteht. Bei Katzen soll es so sein. In Gutwill gibt es viele Katzen. Wenn sie Mutter besuchte, lag immer eine gestromte Katze auf der breiten Treppe, um sie herum spielten zuweilen zwei kleine Kätzchen, weißbraun oder schwarz. Man weiß nicht, mit welchem Kater sie sich wieder eingelassen hat, sagte Schwester Elisabeth, jetzt darf sich hier kein Kater sehen lassen, er bezöge ordentliche Prügel. Im Herbst lief die Katze wieder allein herum, ihre Jungen waren kaum in ihrer Nähe zu entdecken, sie lebten ihr eigenes Katzenleben.

Menschen brauchen einander, ihr Leben lang. Sie selbst braucht eine solche Stunde wie jetzt mit Asta auf dem Balkon, auch wenn sie Ablehnung und Kritik erfährt: Sie kann Asta ansehen, sie kann ihre Stimme hören, das ist viel. Sie findet sich sogar mit der lauten Musik ab. Das erinnert an früher: Asta betritt die Wohnung und stellt das Radio an, singt, pfeift, summt. Blieb das Radio abgestellt, konnte sie sicher sein, daß Asta sich mit heimlichen Sorgen abplagte, die sie aber nur selten mitteilte.

Das Mittagessen verläuft still, in einer Atmosphäre freundlichen Gespanntseins. Sie scheinen gegenseitig auf der Lauer zu liegen. Asta hat eigentlich von Peter erzählen wollen, von ihrem neuen Freund, es ist noch nicht lange her, daß sie mit ihm geht.

Vor einigen Wochen hat sie ihn in der Gaststätte bedient, er verlangte ein Bier und einen Korn, sie stellte beides vor ihn hin, lachte ihm zu und sagte: Wohl bekomm's! Er blieb sitzen, bis die Gaststätte geschlossen wurde, wartete draußen auf sie und fragte, ob er sie nach Hause bringen dürfe. Sie hatte nichts dagegen, aber vor der Haustür verabschiedete sie ihn, das Hinaufkommen hätte Zeit, wenn es überhaupt jemals dazu kommen würde.

Es ist schneller dazu gekommen, als sie angenommen hat.

Peter fährt einen Krankenwagen. Zwischenjob wie ihre Kellnerei, hierin sind sie sich sehr ähnlich. Sie mag ihn, die Frage, ob es sich um eine große oder kleine Liebe handelt, stellt sie sich nicht. Es ist angenehm, nachts nicht allein im Bett zu liegen und einen Menschen zu haben, mit dem man reden kann. Natürlich kann sie auch mit Mutter reden und mit Paul. Sie hat sich gefreut, daß Paul mit Peter auf der Pfingsttour ausgekommen ist, daß er Peter nicht als ausgeflippten Typ bezeichnet hat. Zu dritt haben sie jeden Abend vorm Zelt einige Flaschen Bier getrunken, auch Schnaps, aber in Maßen. Asta hat zwischen beiden jungen Männern gesessen und mit Paul geflirtet, dabei hat sie Peter nicht aus den Augen gelassen. Wenn er Besitzansprüche geltend macht, schiebe ich ihn ab, hat sie gedacht. Aber Peter hat nichts gesagt, und später im Zelt, als sie nebeneinander auf den Luftmatratzen lagen, hat sie ihm erzählt, wie das mit Paul ist: Kinderliebe zwischen Cousin und Cousine, sie haben zusammen Ostereier gesucht und miteinander im Sand gespielt, und sie mögen sich immer noch, obwohl sie vieles am anderen nicht verstehen. Paul – ihr Kumpel und ihr um vieles näher als Isolde.

Aber ich habe nie etwas mit ihm gehabt, hat sie geflüstert, mein Cousin, nichts weiter, du darfst da nichts Falsches denken. Wenn wir uns sehen, flirten wir, und wir küssen uns, und wir haben Spaß zusammen. Dich aber mag ich ...

Er hat ihr die Hand auf den Mund gelegt und leise gelacht, sie ist bei ihm still geworden. Sonst wird sie eigentlich immer von einer gewissen Unruhe getrieben, kann mit der Stille und dem Stillesein nichts anfangen, flieht zu Diskomusik, zu Freunden, will Unterhaltung, Betrieb, Arbeit auch, unter anderem. Muß sogar hier bei der Mutter das Radio anstellen, obwohl sie weiß, daß Mutter diese Art von Musik nicht mag. Braucht sie trotzdem, weil es dann nicht so offensichtlich wird, daß sie wohl miteinander reden, aber nicht miteinander sprechen können. Sprechen hat mit Gespräch zu tun, und bei einem Gespräch gibt man viel von sich preis. Sie verschließen sich voreinander. Wäre das nicht der Fall, würde sie jetzt von Peter erzählen, er ist unglaublich jung, Mutter, würde sie sagen, und er ist auch verletzlicher als ich. Er kann weinen, und er kann lachen, und manchmal hat er ebensolche Angst wie ich. Angst, die nicht zu definieren ist. Dann hält er sich an mir fest, wie ich mich an ihm festhalte – war das zwischen dir und Vater auch so? War es so, und kommst du deshalb mit deinem Leben nicht mehr zurecht, weil du niemanden hast, an dem du dich festhalten kannst? Denn dazu taugen auf die Dauer weder ich noch Isolde – die Große schon gar nicht!

Hast du Isolde schon von deinem Plan unterrichtet? fragt Asta, während sie die letzte Kartoffel in der Soße zerdrückt. Und was sagt meine Schwester dazu?

Wie sollte ich sie unterrichten? Ich habe Schwester Elisabeths Brief erst heute gelesen.

Sie würde die linke Augenbraue hochziehen, lächeln, dastehen wie eine junge Göttin – wer hat nur einmal diesen Vergleich gebraucht? Groß, schlank, gut gewachsen, das Gesicht verliert selten seinen ernsten Ausdruck, der Mund ist immer ein wenig verkniffen, wann lacht unsere Große eigentlich einmal aus vollem Herzen? Als wir noch zusammen das Kinderzimmer bewohnten, habe ich mich sonntags früh oft aus dem Bett geschlichen, habe mich mit Schwung auf sie geworfen und sie ordentlich durchgekitzelt, erst schrie sie, dann wehrte sie sich verbissen, am Ende gab sie auf und wand sich lachend unter meinen Händen. Dann habe ich sogleich aufgehört, habe mich auf die Füße gehockt und sie angesehen, ich mochte sie lachend viel lieber als muffig. Aber die Muffigkeit überwog.

Hast du wieder einmal von ihr gehört?

Wie sollte ich? Wir schreiben uns nicht. Seit sie in Barsen

wohnt, sehen wir uns selten. Höchstens einmal bei dir. Du müßtest uns alle einmal sonntags einladen, dann würden wir hier ein Fest feiern.

Ich wüßte nicht, welches Fest es zu feiern gäbe.

Wenn nichts anliegt, muß man etwas erfinden. Sei nicht so steif, Mutter! Wir feiern ein Fest, weil du nicht nach Gutwill gehst!

Ich bewältige es nicht – meinst du es so?

Ein Seufzer, die Gabel wird auf den Teller gelegt – man redet, aber man spricht nicht. Und zudem redet man – wie so oft – aneinander vorbei.

Schon gut. Es war nur so eine Idee von mir. Vergiß es – ich meine, daß wir ein Fest feiern könnten.

Asta steht auf, nimmt ihren Teller, stellt ihn in den Abwasch und geht ins Bad. Sie spürt schmerzhaft, daß sie nicht mehr hierhergehört. Daß sie hier nicht mehr zu Hause ist. Dabei sind ihr alle Dinge vertraut, der kleine Spiegelschrank über dem Waschbecken, die zerschabte Badewanne – die Rostflecke haben sie schon früher geärgert, manchmal hat sie die Wanne mit Ata gescheuert, aber schon nach Tagen setzte sich frischer Rost fest, der Wasserhahn tropfte ständig, das Wasser hinterließ seine Spuren. Sie ist hier nicht mehr zu Hause. Wie auch Isolde hier nicht mehr zu Hause ist. Man kommt zu Mutter auf Besuch – erwägt Mutter auch deswegen die Flucht nach Gutwill?

Sie hat der Schwester bei der Renovierung der Wohnung in Barsen kräftig geholfen, sie kann ganz gut malern, sogar ans Tapezieren hat sie sich gewagt, die Tapeten klebten faltenlos und glatt an den Wänden. An diese Tage denkt sie gern zurück. Isolde war fröhlich und nicht so leicht reizbar wie sonst. Man spürte ihr an, wie froh sie über die große Dreizimmerwohnung war, alte, hohe, weiträumige Zimmer, keine Wohnwaben wie in einem Neubau. Sie ertrug dieses Umzugsdurcheinander mit großer Gelassenheit. Alexander hatte seinen Urlaub genommen und baute mit einem Kollegen die Speisekammer in einen Duschraum um, Beate schleppte ihre Puppen hinter sich her und titschte sie, wenn Isolde nicht aufpaßte, in die Malereimer. Aber nun haben sie sich lange nicht mehr gesehen.

Sie würde gern wissen, was Isolde zu Mutters Plan sagt. Wenn es überhaupt schon ein richtiger Plan ist. Wahrscheinlich ist es nur eine fixe Idee. Wenn es sich nicht ausgerechnet um Gutwill handelte, würde sie zuraten. So rät sie ab.

Sie wäscht sich Gesicht und Hände, kämmt sich, macht sich die Fingernägel sauber. Sie kehrt nicht gleich ins Wohnzimmer zurück, steht eine Weile in der Schlafzimmertür, betrachtet Vaters Bild, hat Sehnsucht nach ihm, erfühlt sekundenlang, in welcher Leere sich Mutter bewegt, hat Mitleid mit ihr und weiß gleichzeitig, daß Mutter auf dieses Mitleid getrost verzichten kann. Es hilft ihr in keiner Weise weiter.

Nach dem Kaffee – sie trinken gern nach dem Essen einen Kaffee, so überwinden sie besser diese Mittagsmüdigkeit – verabschiedet sich Asta. Peter hat bald Dienstschluß, sagt sie, wir wollen noch etwas unternehmen. Eigentlich wollte ich heute unseren Besuch bei dir anmelden, aber da du so große Pläne hast, wirst du dich kaum für meinen Freund interessieren.

Sie hat sich eine Zigarette angezündet, hält der Mutter die Schachtel hin, dabei weiß sie genau, daß sie nicht raucht. Angewohnheit: Man greift nach einer Zigarette und bietet auch dem Gegenüber davon an, fast eine Kulthandlung, als ob gemeinsames Rauchen eine Verständigungsbasis schüfe. Während sie den Rauch ausstößt, betrachtet sie Mutters Gesicht. Seit Vaters Tod ist Mutter alt geworden. Scharfe Falten graben sich von der Nase zu den Mundwinkeln, Falten auch um die Augen, und die Augen sind ohne Glanz. Die Eltern haben gut miteinander gelebt, es hat selten Streit gegeben zwischen ihnen, Asta erinnert sich jedenfalls an keine Auseinandersetzung, die nicht mit einem Kuß oder einem plötzlichen Gelächter beendet worden wäre. Man müßte Mutter wahrscheinlich mehr Zeit widmen, sie einladen, sie teilnehmen lassen an eigenen Problemen. Die gibt es mehr als genug! Aber das ist so mühsam. Auf diesen Sonntag hat sie sich gefreut, sie mag ihn einfach nicht hier bei Mutter verbringen. Außerdem sind ihre Gesprächsthemen aufgebraucht. Gutwill ... das nimmt sie mit als Gepäck, darüber wird sie nachdenken.

Bring ihn mal mit, hört sie Mutter sagen. Deinen Peter. Und ich wünsche euch einen schönen Tag.

Sie küssen sich, sind sich sekundenlang nah wie früher. Da ist Asta oft zur Mutter ins Bett gekrochen und hat mit ihr geschmust, Mutter mußte ihr den Rücken streicheln, immer den Rücken, das hat sie besonders gern gehabt.

Wann sehen wir uns wieder?

Sie ist fast so groß wie die Tochter. Sie möchte die Arme um ihre Schultern legen und sich an ihr festhalten, aber sie unterläßt es. Sie erinnert sich in diesem Augenblick: Paul hilft Asta beim Möbelschleppen, er hat auch den Lastwagen organisiert, mit dem sie die Sachen in die kleine Dachwohnung fahren. Sie selbst steht am Fenster und sieht hinunter auf die Straße, sie nimmt Astas Freude wahr, empfindet sie wie einen Schlag ins Gesicht, möchte weinen, das kann sie gerade noch verhindern. Als alles verladen ist, stürmt Asta noch einmal die Treppe herauf, umarmt sie, ruft ihr zu: Bis bald – und weg ist sie, das Auto fährt ab, nun weint sie doch. Konrad legt den Arm um sie, sie spürt, daß ihm diese Stunde ebenfalls schwer wird.

Mach's gut, sagt sie zu Asta. Geht es dir gut?

Aber ja! Asta seufzt. Immer diese Frage – was soll man darauf antworten? Was bedeutet dieses GUTGEHEN? Sorgenfreies Leben? Kein Leben ist sorgenfrei, das müßte Mutter eigentlich wissen.

Grüble nicht über mich, sagt sie, sondern denke an dich. Das ist wichtiger. Denke meinetwegen auch an Gutwill, wenn du es nun mal nicht lassen kannst. Tschüß, bis bald . . .

Und weg ist sie, die Tür klappt, schnelle Schritte laufen die Treppe hinunter, so ist sie auch früher davongestürmt, in die Schule, zu Verabredungen, sie hat es immer eilig gehabt. Nur als sie zusammen zu Konrads Beerdigung gegangen sind, ist sie geschlichen, da mußte sie drängen: Komm schon, wir wollen es hinter uns bringen!

Denke an dich!

Wie oft Konrad das zu ihr gesagt hat, mahnend, ein wenig vorwurfsvoll, tröstend, Zuspruch gebend: Du bist nämlich auch wichtig, nicht nur die Kinder. Du bist wichtig für mich – nun nimm dich selbst endlich ernst und schiebe dich nicht ständig in den Hintergrund. Du kannst nicht von anderen verlangen, daß sie nach dir fragen, wenn du ihnen lediglich Anspruchslosigkeit vorlebst und dein eigenes Ich verleugnest.

Da hat Asta einmal an der Ostsee gecampt, durch Vermittlung eines Freundes kam sie in den Besitz eines Zeltscheines, Prerow, das Ziel unzähliger Sonnenhungriger, war nun auch für sie erreichbar. Sie lieh sich ein Zelt, auch das Zubehör, und sie fuhr hinauf, nur Sonne, Mutter, sagt sie, den ganzen Tag Sonne und Wind und Meer, das wird echt schön! Aber dann kam eine Schlechtwetterfront auf, es stürmte und regnete tagelang, die Temperaturen sanken unter das jahreszeitlich Normale, und sie klagte daheim, das arme Mädchen, endlich kann sie einmal an die See, und dann dieses Pech! Sie fand nachts keine Ruhe, stellte sich vor, wie Asta im Zelt fror, wie sie vielleicht einen vergeblichen Kampf gegen die Nässe führte, wie sie krank wurde. Die Gedanken überfielen sie furienhaft, sie setzte sich im Bett auf, konnte die Angst nicht verdrängen, konnte nicht mehr stilliegen, ging im Wohnzimmer umher, empfand das Dunkel der Nacht als Drohung, als lautlose, aber sehr gegenwärtige Gefahr. Konrad, der zufällig erwachte und ihr Bett leer fand, suchte sie, nahm sie in die Arme, aber er tröstete sie nicht; er schalt sie aus, wie er früher die Mädchen ausgescholten hatte. Nun kann sie zeigen, ob sie auch in der Lage ist, Regentage zu genießen, sagte er. Natürlich wäre bei Sonne alles schöner gewesen, aber da wir das Wetter nicht beeinflussen können, lohnen sich deine Grübeleien nicht. Mach dich nicht lächerlich, Katharina, was soll das: Ein junger Mensch kann an der Ostsee zelten, er würde sich ein Armutszeugnis ausstellen, wenn er nicht auch aus trüben Tagen das Beste herausholen könnte. Du jedenfalls brächtest das zustande, da bin ich sicher. Warum traust du deinen Töchtern so wenig zu?

Wieder so eine Frage, die letztlich nicht zu beantworten ist: Sie traut ihnen sehr viel zu. Sie ist auch beruhigt, weil sich die Mädchen ohne sie im Leben zurechtfinden. So hat sie es sich früher gewünscht: Die Kinder sind aus dem Haus, und sie ist die Sorgen los, und sie kann mit Konrad noch einmal an den Anfang ihrer Ehe zurückkehren, da waren sie nur zu zweit, und sie waren sich selbst genug. Aber das Zutrauen verhindert nicht, daß sie sich sorgt, weil Asta nicht den gewünschten Sonnenschein an der See genießt, sondern sich im Regen nasse Füße holt – und der Urlaub muß für ein ganzes Jahr reichen, wie soll das Mädchen damit fertig werden?

Als Asta zurückkam, sah man auf den ersten Blick, daß sie mit den Unbilden des Wetters sehr gut fertig geworden war. Sie war zwar nicht sonnengebräunt, aber sie sah erholt und ausgeschlafen aus. Sehr vergnügt erzählte sie von Wanderungen, abendlichen Grillpartys am Strand, von nicht enden wollenden Volleyballspielen trotz leichten Nieselregens – danach sind wir in eine Kneipe gegangen und haben etliche Grogs getrunken, bis wir wieder warm und trocken waren.

Sie begriff nicht, warum Vater immerzu vor sich hin lachte, später fragte sie ihn, ob er leicht übergeschnappt wäre? Aber doch nicht ich, antwortete er, frag deine Mutter, sie hat während dieser zwei Wochen über alle Maßen gelitten, weil sie dir nicht Sonne und Hitze schicken konnte.

Asta schaute sie erstaunt an. Katharina schämte sich ihrer übertriebenen Sorge. Damals nahm sie sich vor, erst um die Töchter zu zittern, wenn ernsthafter Grund dafür vorhanden wäre. Diesem Vorsatz aber ist sie nicht treu geblieben. Immer umkreisen ihre Gedanken und Ängste die Kinder, geht es ihnen gut, könnte ich ihnen helfen, sind sie glücklich?

※

Schon wahr, sie müßte mit der gleichen Intensität fragen: Geht es MIR gut, kann ICH wieder glücklich werden? Kann ich MEIN Leben wieder fest in die Hand bekommen, die Jahre, die mir verblieben sind, nicht verjammern und vergeuden?

Niemand weiß, daß sie zuweilen mit dem Gedanken spielt, ihrem Leben ein Ende zu bereiten, weil ihr dieses Leben sinnlos erscheint. Sich vom Arzt Schlaftabletten verschreiben lassen, die Tabletten horten, und eines Abends nimmt sie alle auf einmal. Das malt sie sich aus, wenn sie nachts nicht schlafen kann und nichts hört als den eigenen Herzschlag. Aber bisher ist das nur makabres Spiel gewesen, sie ist nicht der Mensch, der die

Flucht ergreift, auch nicht die Flucht vor der Hoffnungslosigkeit.

Da hat ihr Schwester Elisabeth einen Brocken zugeworfen, an dem sie sich die Zähne ausbeißen wird.

Gutwill ...

Astas Ablehnung ist durchaus berechtigt. Sie selbst wird wohl auch ablehnen. Nur möchte sie zuvor ein Spiel spielen, das Spiel nämlich: Ich werde gehen! Es müßte interessant sein, die Meinung der Menschen zu erfahren, mit denen sie lebt, mit denen sie sich verbunden weiß. Asta hat ziemlich große Augen gemacht, darüber muß sie nachträglich lachen. Ein eigenartiges Gefühl von Überlegenheit schleicht sich in ihr Bewußtsein. Immerhin vermag sie ihre Jüngste noch in Erstaunen zu versetzen! Man müßte das auch bei Isolde und Alexander versuchen, ebenso bei Paul – auf dessen Meinung ist sie auch gespannt. Paul erscheint immer so vernünftig, wenn er sagt: Mach's!, könnte man sich die Sache ernsthafter überlegen. Und Vera müßte sie fragen, Vera, ihre Schwester und Pauls Mutter. Sie haben sich lange nicht gesehen, sie wissen eigentlich auch nur Oberflächliches voneinander. Vera ist Malerin – ob sie Gutes schafft, entzieht sich ihrer Kenntnis. Sie versteht von Malerei nicht viel und beurteilt jedes Bild nur danach, ob es ihr gefällt oder nicht. Vera hat sie einmal mit in eine ihrer Ausstellungen genommen, sie konnte ihr DAS IST HÜBSCH am Ende nicht mehr hören und verbot ihr kurzerhand das Wort. Da hat sie geschwiegen, verbockt wie ein kleines Mädchen. Obwohl sie älter ist als Vera, hat sie der Schwester gegenüber häufig Minderwertigkeitsgefühle. Vera sieht sie an, lächelt – und sie weiß, daß sie wieder etwas falsch gemacht hat, aber sie weiß nicht, WAS sie falsch gemacht hat. Eine Frage stellt sie nicht, sie rettet sich in Schweigen, dahinter kann sie ihre Unsicherheit verbergen. Auch ihren Neid. Ja, sie ist neidisch auf Vera, aber das gesteht sie sich nur selten ein. Anderen gesteht sie es überhaupt nicht ein. Sie spielt vielmehr die Überlegene – wahrscheinlich spielt sie schlecht, es nimmt ihr niemand diese Rolle ab.

Sie müßte sich Urlaub nehmen, auf Reisen gehen und reihum alle Menschen besuchen, die mit ihr zu tun haben, ihnen von

Gutwill erzählen und ihre Reaktionen studieren. Eine Woche Urlaub – seit Konrad's Tod hat sie keinen Urlaub genommen. Wozu? Damit ihr noch bewußter wird, was sie verloren hat? Während der Arbeitszeit ist sie wenigstens unter Menschen. Kann Anteil nehmen an fremden Schicksalen und ist sich selbst nicht ausgeliefert.

Eine Fragereise wäre jedoch nicht schlecht. Ein Besuch bei Isolde ist sowieso seit langem fällig. Sie könnte zwei Tage bleiben, vielleicht findet sich dort etwas für sie zu tun. Und abends die Frage: Gutwill – oder nicht?

Sie ahnt schon jetzt, daß Isolde abraten wird wie Asta. Die Töchter trauen ihr nichts mehr zu.

Eine Weile steht sie am Fenster und beobachtet die Kinder, die auf dem Kirchberg spielen. Einige von ihnen kennt sie, zumindest vom Sehen. Die Traudel Brieske, die hier im Haus in der zweiten Etage wohnt, klettert in der verwachsenen Eiche herum, hoffentlich tut sie sich dabei nicht weh. Isolde ist einmal vom oberen Ast des Baumes gestürzt, sie kam mit aufgeschlagenen Knien heim, zum Glück hatte sie sich nichts gebrochen. Einen Augenblick ist sie versucht, das Fenster zu öffnen und eine Warnung hinunterzurufen, aber sie kann sich beherrschen, es geht sie nichts an, sie möchte mit Traudels Mutter nicht noch einmal zusammenstoßen. Frau Brieske gehört zu jenen jungen, selbstbewußten Frauen, denen sie sich stets unterlegen fühlt und denen sie deshalb möglichst ausweicht. Als sie im vergangenen Winter eines Nachmittags heimkam, saß Traudel auf der Treppe, sie hatte morgens den Schlüssel vergessen und konnte nicht in die Wohnung. Weil es kalt war, nahm sie das Mädchen mit zu sich und brühte für beide einen Tee, sie konnten etwas Warmes vertragen. Nach etwa einer Stunde hörten sie, wie Frau Brieske die Wohnungstür aufschloß, daraufhin verabschiedete sich Traudel von ihr und lief hinunter. Sie dachte nicht mehr an diese belanglose Episode, als sie ein paar Tage danach von Frau Brieske bei der Heimkehr auf der Treppe angesprochen wurde. Ich möchte Sie bitten, sagte sie, in Zukunft meine Tochter nicht zu beachten. Es hätte ihr nicht geschadet, ein paar Stunden vor der verschlossenen Tür zu stehen, es wäre ihr vielmehr eine Lehre gewesen. So war es für sie ein Vergnügen. Sie müssen sich fragen, ob das, was Sie tun, pädagogisch klug ist oder nicht.

Die schlanke, große Frau mit der gestrafften Gestalt, den dunklen, aufmerksamen Augen und dem schmalen, gut geformten Mund nickte ihr zu und ging, entließ sie in Ratlosigkeit: Was sollte sie sich fragen? Warum war die Frau nicht froh, daß sie Traudel für kurze Zeit aufgenommen hatte? Allmählich wurde die Ratlosigkeit vom Ärger verdrängt. Ein Kind sitzt in der Kälte auf der Treppe, weil es den Schlüssel vergessen hat, nun darf man es nicht bis zur Heimkehr der Mutter in die Wärme nehmen, das wäre, obwohl so einfach, so selbstverständlich, unpädagogisch? Man muß ihm die Konsequenz seiner Vergeßlichkeit vor Augen führen, denn die Folge der Vergeßlichkeit wäre in diesem Fall das Warten auf der Treppe gewesen. Katharina mußte lachen, das war kein gutes Lachen.

Sie wird also jetzt nicht zu Traudel hinunterrufen, sondern den Fernseher anstellen und sich in den Sessel drücken und mit halber Aufmerksamkeit das Programm verfolgen. In Wahrheit aber wird sie anderes bedenken.

Als sie an diesem Morgen das Betriebsgelände betritt, merkt sie nicht sofort, daß sie heute alles viel bewußter wahrnimmt als sonst: den bröckelnden Putz am Hauptgebäude, das Unkraut auf dem schmalen Blumenbeet neben der Pforte, die verwaschene Fahne drüben am Fahnenmast neben der Betriebsküche, übriggeblieben vom letzten Feiertag. Erst als sie die üblichen Worte mit dem alten Paul Böller wechselt, der schon jahrelang im Pförtnerhaus sitzt – einigermaßen geschlafen, Frau Bessner? – es geht an, was macht Ihr Bein – tut weh, obwohl es schon lange ab ist –, spürt sie, daß eine Veränderung mit ihr vorgegangen sein muß: Sie SIEHT das müde Männergesicht dort hinter dem Fenster, sie SIEHT die Kollegen, die mit ihr den Betrieb betreten, sie SIEHT die grünen Blattpflanzen im Treppenfenster ihres Bürogebäudes, die abgetretene Farbe der Treppenstufen. Wieviel Stunden ihres Lebens hat sie hier im Betrieb verbracht? Sie sind nicht zu zählen, unwiderbringlich dahin wie alles, was hinter ihr liegt. Das enge Zimmer der Lohnbuchhaltung empfindet sie plötzlich als ein Stück Heimat, sie öffnet die

Tür und denkt, die Gardinen müßten unbedingt gewaschen werden, der Russische Wein hinter dem Platz von Frau Röster vermickert, ich habe gleich gesagt, Russischer Wein verträgt diesen Mief nicht!

Frau Röster sitzt hinter ihrem Schreibtisch, sie hat den schwarzweiß gemusterten Pullover an, den sie sich einmal während eines Betriebsausfluges in Naumburg gekauft hat. Auf ihrem Schreibtisch stehen neben der großen Fotografie des Sohnes zwei Fläschchen mit Medikamenten, sie schwört auf Homöopathie, nimmt regelmäßig ein paar Kügelchen vor und nach dem Essen. Immer tut ihr etwas weh, der Magen, die Galle, der Kopf, aber seit Jahren hat sie keinen Tag gefehlt. Bei jeder fälligen Prämie hat sie das lautstark artikuliert. Von ihrem Mann erzählt sie selten, um so mehr schwärmt sie von ihrem Sohn, er wird Medizin studieren, im Alter hat sie dann einen Arzt, dem sie vertrauen kann. Das sagt sie täglich, es ist wie eine Beschwörungsformel, mit der sie sich selbst beruhigt.

Ein bißchen spät, sagt sie jetzt vorwurfsvoll, die Meisel ist auch noch nicht da, hat sicher die Bahn nicht bekommen, aber früher aufstehen ist nicht drin. Schönen Sonntag gehabt? Ich nicht, mir war immerzu übel, habe bloß Zwieback gegessen, halte heute auch noch Diät, das Montagessen kann man sowieso vergessen.

Sie hängt die Jacke über den Bügel, gibt den Blumen auf ihrem Schreibtisch frisches Wasser, antwortet nicht. Das hat sich so eingespielt bei ihnen: Frau Röster redet, und Frau Meisel und sie schweigen. Es ist kein bösartiges, eher ein geduldiges Schweigen. Wo kämen sie hin, wenn sie alle so viel reden würden?

Gerade als sie sich gesetzt hat, stürmt Frau Meisel herein. Die Bahn, es kam wieder einmal keine Bahn! Frau Röster lacht, sie aber nickt der jungen Frau zu, fragt nach der Tochter, sie kann das Knie immer noch nicht voll bewegen, sagt Frau Meisel, wahrscheinlich muß sie noch operiert werden. Warum fährt sie auch Rad wie eine Verrückte, mischt sich Frau Röster ein, ich habe sie einmal gesehen, freihändig, sage ich Ihnen, und die Lohmannstraße hinunter, bei starkem Verkehr! Also ich, an

Ihrer Stelle, hätte ihr das Rad längst weggenommen. Aber Sie sind viel zu schwach, nicht gutmütig, bloß schwach.

Frau Meisel seufzt, verkneift sich die Antwort. Sie sehen sich beide an und lächeln ein wenig, Zeichen des Einverständnisses, man kennt sich und läßt sich gelten und hat so am ehesten seine Ruhe.

Bevor sie mit der Arbeit beginnt, sagt sie, daß sie ein paar Tage Urlaub nehmen wolle. Gleich morgen, und sie ginge in der Pause deswegen zum Chef.

Endlich, sagt Frau Meisel, das wurde Zeit. Frau Röster will Näheres wissen, weshalb so plötzlich, und hat sie etwa einen Ferienplatz bekommen – oder fährt sie nur zur Tochter?

Es hat sich so ergeben, antwortet sie ausweichend, werden Sie allein fertig?

Die Antwort ist eindeutig: Kein Mensch sei unersetzbar, und sie schaffen alles, jeder Tapetenwechsel habe etwas für sich, und sie solle nur nicht so bald wiederkommen.

Dann wird es still in dem schmalen Zimmer, der Wasserhahn über dem Waschbecken tropft, Sekundenzeit, der Klempner war schon häufig hier und hat neue Dichtungen eingesetzt, nach wenigen Tagen tropfte es von neuem, jetzt haben sie sich so an dieses leise, gleichbleibende Geräusch gewöhnt, daß sie es nicht mehr missen möchten.

Natürlich wird der Urlaub genehmigt, man ist froh, daß sich die Bessner einmal Entspannung gönnt, sie ist sozusagen die Seele der Lohnbuchhaltung, es ist wichtig, daß dem Betrieb ihre Arbeitskraft erhalten bleibt. So deutlich wird das nicht ausgesprochen, aber es schwingt mit. Man wünscht gute Erholung, wie anerkennenswert, daß sie sich endlich einmal von daheim lösen will, und dann also ein fröhliches Wiedersehen. Auch hier wird die Frage gestellt, ob eine Woche nicht zu knapp bemessen sei? Da winkt sie ab, eine Woche genügt ihr, mehr wäre zuviel, und gute Arbeit inzwischen, sie ist bald wieder da.

Abends ruft sie Isolde an, vom Telefonhäuschen in der Nähe ihrer Wohnung. Ich komme für zwei Tage, sagt sie, ist es euch recht?

Sie spürt, wie Isolde stutzt. Unwillkürlich muß sie lächeln, jetzt preßt Isolde bestimmt die Lippen aufeinander, das hat sie schon als Kind getan, wenn etwas Außergewöhnliches auf sie zukam. Nur ist der Besuch der Mutter wohl nicht außergewöhnlich, sondern längst fällig, und Sekunden später folgt auch das WIE SCHÖN, Mutter, ab Mittag bin ich zu Haus, und wir freuen uns auf dich!

Sie ist sich dieser Freude nicht ganz sicher. Bei Isolde ist sie sich über mögliche Gefühle niemals sicher. Ihre Begegnungen verlaufen seit langem in spürbarer Kühle, es kommt zu keinem Streit, aber es gibt auch keine Zärtlichkeitsausbrüche, wie das zwischen ihr und Asta trotz aller Mißverständnisse zuweilen geschieht. Als Isolde noch im Elternhaus wohnte, haben sie abends oft lange zusammengesessen und geschwatzt, Konrad hat sie in solchen Stunden allein gelassen, er hatte das Gefühl, als würde seine Gegenwart diesen magischen Kreis, in dem Mutter und Tochter eingeschlossen schienen, zerstören. Aber solche Stunden haben sie seit langem nicht mehr erlebt. Eigentlich seit Isoldes Hochzeit nicht mehr. Manchmal hat sie das Gefühl, als verstünde sie sich mit Alexander besser als mit Isolde, sie schätzt seine Zuverlässigkeit und seine Ehrlichkeit, sie ist sicher, daß Isolde an ihm bis ins hohe Alter hinein eine Stütze und einen Halt haben wird. Eine kleine, glückliche Familie – aber sie steht außerhalb, und das ist ganz natürlich so. Obwohl es stets weh tut. Sie wird aber nie von Isolde verlangen, daß sie sie so eng in das eigene Leben einbeziet, wie sie es mit ihrer Mutter getan hat. Man sieht sich, man freut sich aneinander, und dann trennt man sich wieder, und jede von ihnen lebt ihr unverwechselbares Leben.

※

Sie kommt am frühen Nachmittag in Barsen an. Das wenige Gepäck hindert sie kaum beim Gehen. Eine halbe Stunde Fußweg muß sie rechnen vom Bahnhof bis zu Isoldes Wohnung. Es hat sich merklich abgekühlt, das ist kein Juniwetter mehr, der trübe Himmel und der leichte Sprühregen erinnern an einen frühen Herbst. Der Sommer scheint wieder nicht zu halten, was man von ihm erwartet hat. Erst zog sich der Winter bis weit in das Frühjahr hinein, nun versteckt sich die Junisonne hinter

Wolken, ein steifer Wind weht vom Westen her, wer jetzt an der See zeltet, verdient das Mitleid der Daheimgebliebenen. Nicht jeder ist so ein Lebenskünstler wie Asta, Katharina ist es nicht, aber sie ist auch besser dran – sie fährt zu ihrer Ältesten, und da hat sie es auf jeden Fall trocken von oben!

Beate öffnet. Ein großes, dünnes Mädchen von fünf Jahren. Omi, sagt sie und gibt ihr artig und etwas geziert die Hand. Der Knicks wirkt einstudiert. Die Wange wird gereicht zum Kuß, nicht etwa der Mund. Sie muß lachen. Nun hab dich nicht so, sagt sie und gibt Beate einen richtigen Kuß. Ich freue mich, daß ich dich einmal wiedersehe. Geht es dir gut?

Beate nickt. Abwartend – kritisch hält sie sich zurück, sie ist nicht sehr vertraut mit der Großmutter. Während der letzten Besuche sah sie immer sehr traurig aus, die Kleine hat es voller Mißbilligung bemerkt. Sonst mag sie die Großmutter eigentlich gern. Einmal ist sie eine ganze Woche bei ihr gewesen, da lebte Großvater noch. Sie haben viel miteinander gelacht, Beate hat es nicht vergessen.

Jetzt wird sie sanft beiseite geschoben. Isolde kommt und umarmt die Mutter und führt sie ins Wohnzimmer. Der Kaffeetisch ist gedeckt, wie schön, daß du da bist, wir haben schon kaum noch einen Besuch von dir für möglich gehalten. Wie kommt es, daß du dich von zu Hause gelöst hast?

Ich will euch etwas fragen. Aber später, das hat Zeit.

Sie trinkt den heißen Kaffee voller Behagen. Für Beate hat sie eine kleine Puppe mitgebracht, die packt sie aus. Hoffentlich gefällt sie dir, sagt sie, dabei wird ihr bewußt, daß sie von ihrem Enkelkind wenig weiß. Womit spielt sie gern, was ißt sie gern, Kuchen oder Schokolade? Isolde konnte Unmengen von Schokolade verschlingen, trotzdem ist sie immer schlank geblieben. Überschlank erscheint sie ihr jetzt. Bist du krank? fragt sie besorgt, du siehst nicht gerade gut aus!

Isolde wehrt ab. Viel zu tun, in der Klinik möchten sie, daß sie ganze Tage arbeitet, aber das lehnt sie ab. Sie will Zeit haben für Beate. Sie fängt schon halb sieben an und verzichtet auf die Frühstückspause, so kann sie noch mehr Patienten annehmen. Heilgymnastin, ein gefragter Beruf, er macht ihr Freude,

aber auch nachmittags wird sie gehetzt, und abends möchte sie
für Alexander da sein, er bleibt gern lange auf und unterhält
sich mit ihr und hört seine geliebten Schallplatten. Auf diese
Stunden will sie nicht verzichten. Also schläft sie zu wenig, das
ist es, später wird sie allen mangelnden Schlaf nachholen, das
verspricht sie der Mutter freiwillig und gern.

Ganz allmählich löst sich die Spannung zwischen ihnen.

Gefällt es dir bei mir? fragt Isolde.

Sie nickt. Sie fühlt sich in dieser gepflegten Wohnung wohl,
es berührt sie angenehm, daß Beate nicht nur im Kinderzimmer
spielen darf, sondern überall; nur daß die Puppen lieblos übereinandergeworfen im Puppenwagen liegen, tut ihr weh. Albernheit, Gefühlsduselei, Puppen sind leblose Gegenstände, spüren
nichts, wissen nichts, empfinden nichts. Aber sie sind Bezugspunkte für Kinder, und das Verhalten der Kinder ihnen
gegenüber ist sicher Ausdruck für das Verhalten der Kinder zu
ihrer gesamten Umwelt.

Oder sieht sie das als Großmutter falsch?

Eine Welt für sich, diese Dreizimmerwohnung, deren Bewohner sie liebhat. Eine Welt, in der sie auf Besuch ist. Nicht zu
Hause. Mutter ist bei ihr zu Hause gewesen. Auch wenn sie das
in den letzten Jahren ihres Lebens nur seufzend zur Kenntnis
nahm: Sie ist zu Hause gewesen!

༺❀༻

Alexander kommt gegen siebzehn Uhr. Er gibt seiner Schwiegermutter einen Kuß, das ist zwischen ihnen so üblich. Und dann
trinkt er Kaffee und Kognak, raucht, ist auf angenehme Weise
daheim. Er schnurrt wie ein Kater, sagt Isolde lachend, hörst
du, Mutter, jetzt fühlt er sich richtig wohl, umgeben von seinen
Frauen, die Freude hat er selten genug.

Dann nimmt Beate sie in Beschlag. Sie spielen alle Würfelspiele, die im Spielzimmer aufzutreiben sind. Beate gewinnt
und ist überglücklich. Als sie abends ins Bett gebracht wird,
muß die Oma dabeisein und ihr noch eine Gute-Nacht-
Geschichte erzählen, und dann muß sie mit ihr schmusen, das
Kind legt die dünnen Arme um ihren Hals und reibt das Gesicht an ihrer Schulter, ich mag dich, flüstert es, du bist meine

beste Oma. Und Opa war mein bester Opa. Wann kann ich wieder einmal zu dir?

Bald, flüstert sie. Ich nehme mir ein paar Tage Urlaub, und dann spielen wir miteinander. Willst du?

Beate nickt. Nur widerstrebend löst sie die Arme vom Hals der Großmutter. Bleibst du noch bei mir?

Ein paar Minuten. Aber du mußt die Augen zumachen und einschlafen.

Als sie nach dem Abendessen bei einer Flasche Wein zusammensitzen und Isolde sehr geradezu fragt, warum sie gekommen ist – dich bedrückt irgend etwas, sagt sie, ich sehe es dir an, du hast dich nie gut verstellen können –, erzählt sie von Gutwill. Von Schwester Elisabeths Bitte. Soll ich es wagen, fragt sie, noch einmal Neues beginnen in meinem Alter?

Die Ablehnung, die sie erwartet hat, wird nicht laut. Alexander drückt die Zigarette aus, Isolde trinkt ihr Weinglas leer. Mehr geschieht nicht. Keine Reaktion. Noch keine Reaktion. Gerade das macht ihr deutlich, daß sie die Entscheidung ganz allein und in eigener Verantwortung treffen muß. Das hat sie natürlich längst gewußt, aber wie so oft in ihrem Leben ist sie auch diesmal der Illusion erlegen, sich auf andere stützen zu können, und sei es nur, daß sie Rat und Hilfe erhält, wenn sie darum bittet. Außer Konrad hat ihr kaum jemals ein Mensch geholfen. Nicht einmal ihre Mutter. Hilfe, darunter versteht sie nicht den Abwasch, der ihr abgenommen wird, darunter versteht sie volle Zuwendung eines Menschen und eine Nähe, die körperliche Nähe umschließt und doch weit über sie hinauswächst.

Ausgerechnet ein Altersheim, sagt Isolde endlich. Kannst du dir nichts Leichteres aussuchen? Du eignest dich nicht zur Krankenpflege, das habe ich schon bemerkt, als Großmutter krank war. Krankheit macht dich ungeduldig, gib es zu. Mach Reisen wie Alexanders Mutter, belege noch Kurse in der Volkshochschule, nimm meinetwegen auch an Bastelzirkeln teil. Das alles ist besser als Gutwill. Nicht einmal ich könnte auf die Dauer in einem Altersheim arbeiten.

Bastelkurse!

Therapie für psychisch Kranke. Oder für Menschen, die unter Langeweile leiden!

Isolde und Alexander sitzen nebeneinander auf der Couch. Alexander hat den Arm um Isoldes Schultern gelegt, sie rückt sich in seiner Armbeuge zurecht, ihre Hand liegt auf seinem Oberschenkel, ihr schmales Gesicht nimmt jenen Ausdruck an, den Konrad als INWENDIG bezeichnet hat; sie hat sich in sich selbst zurückgezogen, sagte er dann, stör sie nicht, wir erreichen sie nicht. Wir müssen warten, bis sie zu uns zurückkehrt, in der Zwischenzeit können wir uns ebenfalls in uns selbst versenken, aber das bringen wir wohl beide nicht fertig.

Alexander erzählt etwas von seiner Arbeit, er spricht nur zu Isolde hin, die Schwiegermutter scheint er vergessen zu haben. Isolde dreht sich zu ihm um, so kann sie ihn ansehen, und sie hört und antwortet, aber alles geschieht so leise, man bezieht den Besuch nicht ein. Wenig später die Frage, ob sie noch etwas Wein wünsche, und dann will man Näheres von Asta wissen, kellnert sie immer noch herum, wie lange soll dieses Zigeunerleben eigentlich noch weitergehen, wann schafft sie Ordnung, ein Mensch ohne Beruf gleicht heutzutage einem Bilde ohne Farbe, sozusagen. Sie dankt, sie möchte keinen Wein mehr, und von Asta berichtet sie wenig, sie hat das dumme Gefühl, sich schützend vor ihre Jüngste stellen zu müssen, dabei äußern die beiden anderen nur ihre eigenen Gedanken, Befürchtungen und Ängste. Unwillkürlich lenkt sie das Gespräch von sich und Asta ab, erwähnt Paul, er hat letztens lange bei ihr gesessen und von seinem Studium erzählt, er wird Lehrer für Physik und Mathematik, ausgerechnet in den beiden Fächern, die er als Schüler verabscheut hat.

Das hat bestimmt Tante Vera zustande gebracht, lacht Isolde. Er will ihr beweisen, daß er mindestens so tüchtig ist wie sie. Manchmal tut er mir leid. Er versucht wohl zu sehr nach der Vorstellung zu leben, die seine Mutter von ihm hat.

Darauf kann sie nicht schweigen. Sie muß nun ihrerseits wieder Asta erwähnen, laßt sie doch gewähren, sagt sie, zumindest kann sie keinem von uns den Vorwurf machen, er hätte sie an ihrer Selbstverwirklichung gehindert.

Nun haben sie Gesprächsstoff, an dem sie sich festbeißen können. Selbstverwirklichung – ein großes Wort, was soll man darunter verstehen? Sie tun beide ihre Arbeit, sie tun sie unterschiedlich gern, mal lustvoll, mal lustlos, je nach Stimmung, aber diese Arbeit ist nicht der Mittelpunkt ihres Daseins. Der Mittelpunkt sind sie selbst, ist Beate, ist dieses kleine Reich, das sie sich geschaffen haben und das sie nicht jedem öffnen, denke nur das nicht, Mutter. Wir gehören nicht zu denen, die auf einer Party schon von der nächsten träumen! Die den Betrieb suchen und den Lärm und die Geschäftigkeit. Wir sind froh, wenn wir für uns allein sind, wir sind uns selbst genug, Tür auf, Tür zu, und die Welt bleibt draußen. Manchmal stellen wir abends nicht einmal den Fernseher ein, wozu auch, auf Unterhaltung können wir verzichten, wir haben uns, das genügt.

Das wird mit einem gewissen Stolz gesagt, auch Erwartung eines Lobes ist zu spüren. Und sie lobt, es ist schön, daß ihr miteinander glücklich seid, sagt sie, und ihr macht schon alles recht.

Aber stimmt das? Meint sie das ehrlich?

Sie trinkt ihr Glas mit einem Zug leer und schiebt es Alexander hin. Gieß mir noch etwas ein, sagt sie. Sie beobachtet seine schmale Hand, nimmt viele Dinge mit einem Blick wahr: den blauen Glasaschenbecher, die angebrochene Zigarettenschachtel, die geschliffenen Gläser, den Teller mit Gebäck – Anisplätzchen, die hat Isolde schon als junges Mädchen vorzüglich gebacken, nach einem Rezept, das sie einmal in einem alten Kochbuch gefunden hatte –, den Staub auf dem Fernseher, die Kaffeeflecken auf der Tischdecke. Sie hat das erregende Gefühl, von einem nicht vorhandenen Zuschauerraum aus das Geschehen auf einer nicht vorhandenen Bühne zu beobachten: völlige Hingabe an die Familie, das wird ihr vorgespielt, ihr ist, als habe Isolde ihre eigene Rolle übernommen, durch den Abstand bemerkt sie plötzlich, wieviel an dieser Rolle nicht stimmt. Du darfst deine eigenen Möglichkeiten nicht künstlich beschneiden, möchte sie der Tochter sagen, ihr lebt nicht außerhalb der Welt, jede Idylle zerbricht einmal, und wenn du nicht achtgibst, hältst du eines Tages nur Glassplitter in der Hand. Zugleich hat sie das Gefühl, als würde ihre eigene Hand von Splittern zerschnitten, unwillkürlich öffnet sie sie, wird verlegen, greift erneut nach dem Weinglas und trinkt. Erinnert sich einer kleinen Episode – wie lange ist das her? Sehr lange ist es her: Konrad kommt von der Arbeit heim, aufgeregt, die Frau eines Kollegen hat sie im Betrieb aufgesucht und hat ihnen ihre beiden Arme gezeigt, ein Bluterguß neben dem anderen, dazu eine Platzwunde über dem linken Augenlid. Ihr Mann habe sie so zugerichtet, nicht zum erstenmal, aber nun bitte sie um Hilfe, wenn doch einer aus dem Betrieb einmal mit ihrem Mann ein deutliches Wort sprechen würde, vielleicht bringe ihn das zur Vernunft. Sonst laufe sie ihm davon oder tue sich etwas an. Konrad redet und redet, sie aber steht daneben und sagt: Laß die Leute, sie gehen uns nichts an. Misch dich nicht in fremde Angelegenheiten, das führt zu nichts. Ich tue es auch nicht.

Konrad hat sie erschrocken angesehen und gesagt: Aber du kannst dich doch nicht einigeln!

Was aus der Angelegenheit damals geworden ist, weiß sie

nicht. Konrad hat nichts mehr erzählt. Sie hat auch nicht gefragt. Ihre Familie – ihre Welt. Tür auf, Tür zu – und nun spürt sie die Folgen. Sie möchte Isolde warnen, aber dann unterläßt sie es doch.

Jener scharfe Zug um Alexanders Mund, jener Zug Unzufriedenheit – woher mag er rühren? Alexander ist Ingenieur im Fernheizwerk der Stadt, sie kann sich schwer vorstellen, was er dort eigentlich tut. Die Tätigkeit eines Arztes beispielsweise ist klar umrissen, auch die Tätigkeit einer Heilgymnastin oder einer Bürokraft. Ingenieur im Fernheizwerk – er scheint berufliche Sorgen zu haben, die zieht er wahrscheinlich zu Hause mit den Schuhen aus, und morgens, bevor er seine Wohnung verläßt, zieht er sie mit den Schuhen wieder an. Er sollte sie hier mitten in das Zimmer stellen und sie Isolde erklären, und sie müßte sie sich anhören. In den letzten Jahren ist das zwischen ihr und Konrad so gewesen, sie hat sich schon geändert und hat die Welt nicht mehr so rigoros ausgesperrt wie in den ersten Jahren ihrer Ehe. Wenn sie merkte, daß Frau Röster daheim Schwierigkeiten hatte oder daß Müsselins nebenan wieder miteinander stritten, sagte sie es ihm, und er berichtete zuweilen von seinem Chef, der schwer rheumakrank war und von einer Kur zur anderen geschickt wurde. Sie nahm schon Anteil, nur nicht so intensiv, wie es eigentlich hätte sein müssen.

Isolde baute früher immerzu Kissen um sich, baute sich eine Höhle, in die sie sich verkriechen konnte, hing Decken über Stühle, verteidigte diese Unterschlüpfe mit Geschrei und Gekreisch gegen jeden äußeren Zugriff, manchmal nahm sie sich die Abendbrotschnitten mit in diese Verstecke; was sie dort spielte, ob sie überhaupt spielte oder ob dieses Sichverkriechen aus nicht faßbaren Angstzuständen kam, wußten sie nicht. Anfangs lachten sie darüber, nahmen es nicht so ernst, freuten sich sogar, weil Isolde noch spielen konnte und nicht mit gelangweiltem Gesicht herumsaß und beschäftigt werden wollte. Später wurde es ihnen lästig, vor allem Großmutter verlangte, daß Isolde wie ein normaler Mensch am Tisch essen sollte und nicht wie ein Tier in einer Ecke. Nach ihrem zehnten Geburtstag ließ Isolde sehr plötzlich von diesem Häuser- und Versteckbau ab, jetzt mauerte sie sich hinter unsichtbaren Wänden ein, sie beherrschte die Kunst, sich inmitten einer lebhaften Familie in sich selbst oder in eine Traumwelt zurückzuziehen, in der sie sich wohl zu fühlen schien. Sie saß im Sessel und las, und nichts und niemand vermochte einzudringen in ihre Konzentration. Erst wenn man ihr das Buch aus der Hand nahm, hob sie den Kopf mit dem Ausdruck einer Erwachenden – ist was? fragte sie, wollt ihr etwas von mir?

Sie selbst hat dieses seltsame Entgleiten in eine eigene Welt nie nachvollziehen können. Nicht, daß sie unfähig wäre für Traum und Wunschvorstellung und etwa nur Gegenständliches wahrnähme! Sie liebt das Träumen und Phantasieren, aber je älter sie wird, desto mehr fürchtet sie sich gleichzeitig davor. Immer wieder schleicht sich Angst heran, Angst in vielerlei Varianten, sie rettet sich dann in die greifbare und faßbare Welt, in der sie in diesen Augenblicken Sicherheit zu finden meint.

Gutwill wird an diesem Abend kaum noch erwähnt. Einmal schaut Alexander sie prüfend an und fragt, ob sie immer noch nicht über Vaters Tod hinweg sei. Der Vorwurf ist unüberhörbar. Sie verneint dennoch, aber dann bringt sie schnell das Gespräch auf Beate, wie sie gewachsen sei, ein liebes, aufgewecktes Kind, an dem sie gewiß viel Freude hätten. Alexander steigt sofort darauf ein, auch Isolde. Ganz zum Schluß, als sie eigentlich schon aufstehen wollen, um schlafen zu gehen, wird sie in die jüngste Neuigkeit eingeweiht:

Isolde erwartet wieder ein Kind, nach Weihnachten soll es geboren werden, sie freuen sich beide sehr darauf. Natürlich wird Isolde das Babyjahr in Anspruch nehmen, ein Jahr daheimbleiben, so kann sie auch Beate in den ersten Monaten ihrer Schulzeit besser beistehen. Zweimal Großmutter – sei das nicht eine Alternative zu Gutwill?

Sie versteht nicht ganz, das gibt sie nicht zu. Sie freut sich ehrlich mit, und sie will wissen, wie sich Isolde fühle, ganz Mutter, lacht Alexander, es bleibt offen, was und wen er damit meint. Er nimmt Isolde in die Arme, wieder muß sie an früher denken, jetzt hat Isolde eine Höhle, in die sie sich verkriechen kann, denkt sie. Eine unbestimmte Eifersucht wird in ihr wach, aber sogleich unterdrückt. Es ist gut, daß sie sich nicht auch noch um ihre Ältere sorgen muß, die Sorgen um Asta genügen vollauf.

Als sie dann auf dem Sofa im Kinderzimmer liegt und auf Beates leise Atemzüge lauscht, wird ihr wieder sehr deutlich bewußt, daß sie unterwegs ist. Hier ist sie nicht zu Hause, und daheim in ihrer Wohnung fühlt sie sich überflüssig, fremd, ausgestoßen. Ausgestoßen aus jener Geborgenheit, die sich Isolde früher mit Kissen und Decken, jetzt mit der ganz bewußten und ausschließlichen Hinwendung zu ihrer kleinen Familie zu schaffen sucht. Wie gut kann sie ihre Tochter verstehen. Und wie sehr begreift sie, daß sie in ihrem Leben nur Gast sein kann.

❦

Der andere Tag gehört Beate. Mit großer Selbstverständlichkeit verfügt das Kind über Großmutters Zeit, jetzt bringst du mich in den Kindergarten, und mittags holst du mich ab, ich brauche dann heute kein Schlafkind zu sein, und nachmittags spielst du mit mir, bleibst du noch lange bei uns?

Nur bis zum Abend, antwortet sie. Ich will zu meiner Schwester fahren, sie hat mich so oft eingeladen, daß ich sie nun endlich einmal besuchen muß.

Aber das tust du nicht gern. Du verziehst deinen Mund so komisch. Magst du sie nicht?

Doch, ich mag sie. Ich habe sie nur lange nicht gesehen, nicht einmal zu Großvaters Beerdigung. Sie war gerade verreist, als dein Großvater starb.

Ist er jetzt im Himmel?

Ich weiß nicht. Ich weiß nicht, wo die Toten sind. Ich weiß nicht einmal, ob es einen Himmel gibt.

Aber die Sonne geht doch am Himmel spazieren – also gibt es ihn!

Diesen Himmel gibt es, da hast du recht.

Gibt es noch einen anderen Himmel? Sag bloß!

Das eben ist die Frage.

Einen Himmel, in dem Gott wohnt?

Ja. Aber dieser Himmel ist schwer vorstellbar. Er ist nicht dort, wo die Sonne spazierengeht und der Mond und die Sterne. Er ist überall.

Auch hier bei uns? Jetzt?

Ich glaube schon.

Dann ist Großvater bei uns, und wir sehen ihn nur nicht?

Ist das so? denkt sie. Himmel – gleichzusetzen mit Gott und dem ewigen Leben? Mit diesem Weiter-Sein nach dem Tod, das unbegreiflich ist und trotzdem erhofft wird, weil es dem Tod das Absolute nimmt?

Er ist sicher da, sagt sie, und er gibt acht, daß es uns gut geht.

Das ist schön, sagt Beate. Aber schöner wäre es, wenn ich mit Opa reden könnte. Wie früher. Viel schöner wäre es.

Da hast du recht. Ich wäre auch froh, wenn er noch lebte!

Sie bringt also Beate in den Kindergarten, kehrt in Isoldes Wohnung zurück, plättet den Korb Wäsche, den ihr Isolde hingestellt hat – niemand plättet so gut wie du, Mutter, bei mir ist es jedesmal ein Kampf gegen Knitter und Falten, in dem ich unterliege – räumt die Wäsche aber nicht in die Schränke, öffnet die Schränke auch nicht. Sie ist nach jeder Reise, die sie früher zusammen mit Konrad unternommen hat, gereizt und erzürnt gewesen, wenn sie feststellen mußte, daß ihre Mutter in der Zwischenzeit ihre Wäscheschränke wieder einmal auf- und umgeräumt hatte. Die kleine, alte Frau stand dann in der Tür und hielt den üblichen Vortrag über nicht abzulegende Liederlichkeit – daß du dich nicht änderst, Katharina, ich verstehe das nicht. Sie mußte an sich halten, um keine scharfe Antwort zu geben, meist gelang ihr das, weil sie ausgeruht und erholt war. Schon nach drei Tagen herrschte freilich in ihren Schränken schlimme Unordnung, sie fand nichts, hatte keine Zeit, um in Ruhe nach dem Gewünschten zu suchen, holte Hemden, Schlüpfer, Nachthemden heraus, warf alles auf das Bett, stürmte mit einem frischen Taschentuch davon. Wenn sie später heimkehrte, brachte sie die Sachen notdürftig im Schrank unter, ärgerte sich, brauchte dennoch Wochen, um in die altgewohnte, bequeme Ordnung, in der sie sich auch bei Dunkelheit zurechtfand, zurückzugleiten.

Gleiche Fehler wiederholt sie nicht. Sie freut sich über die Sauberkeit ringsum, über die anheimelnde Behaglichkeit. Sie freut sich, daß Isolde und Alexander mit verhältnismäßig wenig Geld zurechtkommen, auch oder gerade ein altes Auto ist nicht billig. Wenn sie sich diesen Luxus leisten wollen, müssen sie auf anderen Ebenen sparen. Das scheint ihnen zu gelingen. In dem Kämmerchen zwischen Küche und Schlafzimmer stehen Regale mit Eingemachtem. Isolde hat früher oft zugesehen, wenn sie Obst und Gemüse einkochte, nun schafft sie sich selbst einen kleinen Vorrat an, auf den sie zurückgreifen kann und der ihr das Wirtschaften erleichtert.

Später kocht sie Zwiebelklöße, die hat sich Isolde gewünscht. Und dann holt sie Beate ab, die Kleine läuft ihr mit ausgebreiteten Armen entgegen, bleibst du jetzt immer bei uns, Omi, oder ziehen wir zu dir? Das wäre schön, dann könntest du oft mit mir spielen, Mutti hat nie Zeit für mich.

Seltsam, wie nahe sie sich Beate plötzlich fühlt! Beate – Konrads Liebling. Sie hat diese Beziehung nicht stören wollen und sich vielleicht deswegen bewußt zurückgehalten. Nun nimmt sie Konrads Stelle ein. Mit dem ihr eigenen Temperament wendet sie sich der Enkelin zu, ersinnt immer neue Spiele, die teils im Zimmer, teils unten im Hof gespielt werden, bald schon wird sie von Nachbarskindern umringt, und Beate schwillt an vor Stolz und Glückseligkeit. Du müßtest etwas mit Kindern tun, sagt Isolde später beim Kaffeetrinken, versuch doch, in einem Schulhort oder in einem Kindergarten eine Stelle zu finden, und wir können dir später während der Schulferien Beate schicken, ich kann doch dann nicht immerzu Urlaub nehmen, und Ferien im Hort stelle ich mir nicht sehr begehrenswert vor.

Katharina trinkt gerade. Sie muß achtgeben, daß sie sich nicht verschluckt, Lückenbüßer, denkt sie, dazu bin ich wohl gut. Aber gleich darauf denkt sie: Ich müßte es mir überlegen, mit der Kleinen käme ich aus, und sie brächte Leben zu mir zurück. Ferienkind! Ich habe immer gut mit Kindern umgehen können. Vor vielen Jahren, als Asta noch klein war, mußte Vera zur Operation ins Krankenhaus. Während dieser Zeit nahm ich Paul zu uns – Paul und Asta, die Unzertrennlichen! Wahrscheinlich rührt ihre gegenseitige Sympathie von jener Zeit her. Sie schliefen in einem Bett, sie spielten zusammen, sie zankten sich, vertrugen sich. Einmal beschmierten sie sich gegenseitig mit

Pfützenschlamm – als ich sie sah, mußte ich lachen. Isolde fand die beiden abscheulich, sie hielt mich für verrückt, warum verhaust du sie nicht, guck nur, wie sie jetzt aussehn! Ich bekam mit Isolde Streit, weil ich über die Kleinen lachen mußte. Ob ich heute noch lachen würde, ist die Frage. Wahrscheinlich würde ich schimpfen – und das wäre nicht gut.

Sie stimmt Isoldes Vorschlag nicht zu, aber sie lehnt auch nicht ab. Sie weicht einer Antwort aus. Isolde sieht sie lange an, daraufhin beschäftigt sie sich verlegen mit ihrem Kuchenteller, schaut endlich auf, schaut Isolde an. Sorg dich nicht, sagt sie, ich schaffe es, ich komme schon wieder auf die Beine. Und Isolde sagt: Laß dich nicht hängen, Mutter, damit wäre auch Vater nicht einverstanden.

Läßt sie sich hängen?

Stellt sie ihren Schmerz zur Schau, zwingt sie ihre Umwelt, ihre Einsamkeit zur Kenntnis zu nehmen? Sie hält sich doch an vielen Tätigkeiten fest, sorgt für eine saubere Wohnung, geht regelmäßig zum Frisör, achtet auf gepflegte Kleidung, belästigt ihre Mitmenschen nicht mit schwer zu beantwortenden Fragen, nimmt sich zusammen, selbst bei Konrads Beerdigung hat sie sich zusammengenommen! Keine Träne, kein Schrei, leer, aber beherrscht hat sie diese Stunde durchgestanden, hat daheim den Kaffee gebrüht, die Kinder sind noch mitgekommen, nur die Kinder; Konrads Arbeitskollegen hatten sich schon am Friedhofstor verabschiedet. Auch daheim hat sie nicht geweint. Erst nachts, als sie allein im Zimmer gelegen hat, ist ihr plötzlich mit aller Härte bewußt geworden, daß sie sich niemals wieder an Konrads Hand festhalten kann, niemals mehr sein leises Schnarchen hören wird, daß sie sich ihm nicht mehr zuzuwenden vermag, und er nimmt sie in seine Arme und küßt sie und flüstert ihr alberne Zärtlichkeiten zu, sie haben sich manchmal benommen wie Jungverliebte. Wenn das die Kinder wüßten, hat sie gemurmelt, darauf er: Es geht sie nichts an, sie sollen froh sein, daß sich ihre Eltern lieben, nach fünfunddreißig Ehejahren ist das nicht die Norm. Nein, die Norm ist es nicht gewesen, wie sie miteinander gelebt haben, gerade deshalb fällt ihr das Alleinsein so schwer, findet sie keinen Sinn mehr in den Tagen. Aufstehen, arbeiten, essen, schlafen, das ist nun alles, und damit soll sie sich begnügen?

Der Abschied von Isolde und Beate tut ihr ein wenig weh. Bis bald, sagt sie, besucht mich doch einmal wieder an einem Sonntag, ich würde mich freuen. Auf dem Boden habe ich noch Puppen von euch, mit denen spielt Beate jetzt bestimmt auch gern. Und grüßt Alexander von mir, er soll nicht zu fleißig sein!

Alexander baut abends mit anderen Kollegen einige Garagen, das Auto soll im Winter möglichst nicht nur auf der Straße stehen. Alexander wird erst bei Dunkelheit nach Hause kommen. Er hat Pläne, die zu erfüllen sind, denkt sie neidisch, eigene Pläne, die sogar Knochenarbeit erträglich machen. Ich hingegen ...

Beate will sich nicht von ihr trennen, das ist neu. Früher hing sie nur an Konrads Hals, und die Oma wurde fast übersehen. Sie hält die Kleine fest, nicht so, wie man Babys hält: Beate hat die Arme um ihren Hals geschlungen und die Beine um ihre Hüften, so hängt sie wie ein kleiner Klammeraffe, reibt die Nase an ihrem Hals und flüstert: Geh nicht fort.

Du hast eine Eroberung gemacht, sagt Isolde, das sollte dir zu denken geben.

Sie sieht auch heute blaß aus, die Schwangerschaft belastet sie anscheinend mehr, als sie zugeben will.

Ihre Tochter – und doch oft gleichzeitig eine Fremde. Muß sie selbst sich um Nähe bemühen? Wird sie schuldig, wenn sie wartet, daß man zu ihr kommt und sagt: Ich brauche dich? Sollte sie nicht statt dessen auf Isolde zugehen und immer dasein? Es könnte ja einmal der Augenblick kommen, in dem sich Isolde bewußt auf sie stützt und sie dankbar einbezieht in ihren Alltag?

Schone dich, sosehr das möglich ist, sagt sie. Und wenn ich dir helfen kann, laß es mich wissen.

※

Für ihre Mutter galten die alten biblischen Tugenden wie Fleiß, Treue, Gehorsam. Sie hat stets Gehorsam gefordert, und Katharina war gehorsam, nur wollte sie in ihrem eigenen Haushalt zu

Hause sein, daraus entwickelten sich manche Reibereien. Laß mich nur fühlen, daß ich störe, schrie die Mutter, schaffe mich in ein Altersheim, dann bist du mich los! Solche Ausbrüche kündigten sich kaum an, sie waren wie ein Sommergewitter, eben noch wölbt sich wolkenloser Himmel über der Erde, plötzlich ziehen Wolken auf, fahlgelb, nicht einmal drohend, ein Blitz schlägt zu Boden, der Donner kracht, und von Sommerfrieden kann keine Rede mehr sein ...

In Gutwill hat Mutter Wochen gebraucht, ehe sie sich mit der für sie so qualvollen Situation abgefunden hatte. Liegen, und nichts tun können und angewiesen sein auf die Hilfe anderer! Nicht mehr befehlen können, nur bitten. Verständlich, daß die Tochter nun erst recht zur Zielscheibe ihrer Kritik wurde. Wie siehst du aus, habt ihr nicht genug zu essen, und Asta soll sich die Haare abschneiden lassen, Zottelkopf, ich schäme mich, wenn sie mich hier besucht! Daraufhin besuchte sie Asta nicht mehr, das hat die alte Frau nie verstanden. Konnte ihr den Hintern abwischen und sie füttern und mit ihr spielen, aber jetzt – zu nichts mehr nütze – vergißt sie mich. Habe ich das verdient?

Gefährliche Frage: Habe ich das verdient? Sie fragt es ja auch: Womit habe ich diese Einsamkeit verdient? Warum hat Konrad nicht noch leben dürfen, ein paar Jahre nur, Rentnerjahre, da gehört man sich doch noch einmal auf ganz andere Weise ...

Vielleicht sollte sie sich Tante Erni zum Beispiel nehmen! Tante Erni, Mutters jüngere Freundin, Kränzchenschwester, so etwas hat es einmal gegeben. Tante Erni war mit Mutters Bruder verlobt, aber Willy fiel im letzten Kriegsmonat 1918. Erni heiratete später einen anderen Mann, die Verbindung zu Mutter wurde aufrechtgehalten, man schrieb sich, man besuchte sich, voller Schrecken erinnerte sie sich jener Spaziergänge, bei denen sie umrahmt wurde von zwei älteren, gut gekleideten Frauen, die sich über ihren Kopf hinweg von früher unterhielten, auch zuweilen von der Gegenwart, bei diesen Gesprächen spielte Ernis Mann eine große Rolle. Er starb lange nach Vater, da lebte die Mutter schon etliche Jahre bei ihnen. Erni besuchte sie nicht mehr, dafür schrieb sie Briefe. Was für Briefe! Die

Handschrift: groß, ziemlich unleserlich. Der Inhalt: immer gleich. Geht mir gut, mache schöne Reisen, bekomme tolle Pakete, auch Likör – du weißt, Clara, ich kümmle gern einen, Willy sagte immer, Erni, sagte er, du mußt wieder einen zwitschern, dann kriegst du ein rosiges Gesicht und siehst aus wie zwanzig. Ich zwitschere jetzt mehr, als ich vielleicht dürfte, habe Zucker bekommen, halte mich nicht an die Diät, man muß auch sündigen können, und ohne Willy taugt dieser Rummel sowieso nichts...

Irgendwann schickte sie ein Bild mit: eine völlig aus dem Leim gegangene Frau Anfang Siebzig lächelt den Betrachter an, Buntfoto natürlich, in Stuttgart aufgenommen. Die sollte abnehmen, sagte Mutter, fett wie eine gemästete Gans! Sie legte das Bild beiseite, seitdem wurde von Tante Erni kaum noch gesprochen. Die Todesanzeige, die die Hausbewohner schickten, nahm Mutter zur Kenntnis, das hat sie nun davon, sagte sie, zuviel gefressen, ob man die überhaupt in einen normalen Sarg hat legen können?

Bestand für Tante Erni das Leben aus Essen, Kleidung, Raffen, Haben, Besitzen? Der Mensch wird aber nicht geboren, um sich zu Tode zu essen. Er wird geboren, um etwas Gutes zu schaffen. Nur eben: was?

Einmal ist sie nach einer Radtour mit Konrad zurückgekommen – und diese Heimkehr hat sie bis auf den heutigen Tag nicht vergessen. Es war im Oktober, ein kühler, sonniger Tag, das Laub an den Bäumen leuchtete rot und gelb-braun. Sie waren langsam durch diesen Glanz gefahren, hatten sich Zeit genommen, hatten auch hin und wieder gerastet. Als sie jetzt die Wohnung betraten, fühlten sie sich erfrischt und erholt. Die Nachmittagssonne malte Glanzmuster auf den Teppich, das Zimmer sah so frisch und neu aus, daß sie sich unwillkürlich fragte, ob sie hier wohl daheim sei. Oder besser: Sie fühlte voller Staunen, daß sie hier daheim war! Sie nahm das nicht als etwas Selbstverständliches hin, sondern empfand an diesem Nachmittag die Tatsache, in dieser Wohnung zusammen mit Konrad DAHEIM zu sein, als etwas Wunderbares. WUNDERBAR, mit der Betonung auf Wunder! Der Raum, die Möbel, die Blumen in den Vasen, die angenehme Wärme, kurz: Ihre kleine Welt erfüllte sie mit Staunen und Entzücken. Sie drehte sich zu Konrad um, der sich am Schreibtisch eine Zigarette anzündete, und sagte: Ich bin sehr glücklich. Er schaute sie verwundert an, lachte, küßte sie und verlangte später – wieviel später? – nach einem Kaffee. Damit schob er das Glücksgefühl dieses Augenblicks hinein in den Alltag, es blieb noch lange in ihr und machte sie dankbar. Genau das: dankbar, zufrieden.

Lebt man um dieser Gefühle willen?

An jenem Nachmittag hat sie nichts geschafft, da ist ihr etwas geschenkt worden. Sie war aufmerksam genug, um das Geschenkte zu bemerken.

Lebt man auch um dieser Aufmerksamkeit willen?

Als sie im Zug sitzt, versucht sie, die Gedanken auf ihre Schwester Vera zu richten. Sie hat sich nicht angemeldet, es kann durchaus sein, daß Vera nicht zu Hause ist. Daß sie eine Ausstellung besucht, mit einem Kollegen schwatzt, sich auf einer Sitzung langweilt. Vera Kaufmann, Mitglied des Verbandes Bildender Künstler, kann sich neuerdings vor Aufträgen nicht retten. Das hat Paul erzählt. Es klang stolz und gleichzeitig skeptisch. Sie hat keine Zeit mehr, sagt er, weder für sich noch für Vater oder mich. Sie malt. Müssen eigentlich alle Künstler so besessen sein von ihrer Kunst?

Darauf hat sie nur hilflos die Schultern gehoben. Woher soll sie das wissen?

Vera ist fünf Jahre jünger als sie. Als sie noch zusammen im Elternhaus das rosatapezierte Kinderzimmer bewohnten, war an Veras Malerei nicht zu denken. Damals wollte Vera Tierpflegerin werden, manchmal auch Tierärztin. Sie hatte eine kleine, schwarzweiße Katze von einem alten Mann auf der Straße geschenkt bekommen, an diesem Tier hing sie mit großer Liebe. Zuweilen erzählt sie heute noch davon: Sie spielt Humpelkästchen mit zwei anderen Mädchen, deren Namen sie nicht mehr weiß, da kommt ein alter Mann mit einem Rucksack auf dem Rücken und einem Stock in der Hand des Weges, bleibt bei ihnen stehen, sieht zu, wie sie verschiedene Figuren springen, winkt Vera zu sich, nimmt den Rucksack vom Rücken, öffnet ihn und läßt Vera hineinsehen. Sie stößt einen Schrei des Entzückens aus: Zwei Kätzchen, vielleicht acht Wochen alt, sitzen zusammengedrängt, blinzeln in das Licht, gähnen und strecken ihre Vorderpfoten. Sind die süß, ruft sie – da hält sie schon eines davon im Arm, der Mann wirft sich den Rucksack wieder über die Schulter, behalt es und sei gut zu ihm, ruft er Vera zu, dann stößt er wie unschlüssig den Stock auf, nickt Vera ermunternd zu und geht weiter. Vera aber stürmt mit der Katze nach Hause, die bleibt jetzt immer bei mir, ruft sie schon auf der Treppe, Katharina, komm bloß, was sie für kleine Zähne hat!

Sehr bald spürt sie, daß die kleinen Zähne zumindest recht spitz sind. Mohrchen – so wird das Kätzchen mit einem Tropfen Milch, den ihr Vera auf die Nase tropft, getauft – wehrt sich entschieden gegen zu heftige Liebkosungen, entzieht sich jeder streichelnden Hand, wenn sie zuvor nicht selbst die Nähe eines Menschen gesucht hat. Überaus leise huscht sie durch die Wohnung, lernt sehr schnell die kleine Sandkiste, die Vera neben den Schirmständer stellt, als Toilette zu benutzen, nachts schläft sie auf dem gelben Sofakissen. Gegen Morgen tobt sie durch die Räume, hangelt sich an den Polstermöbeln hinauf – die Spuren ihrer spitzen Krallen sind nicht zu übersehen –, spielt im Bücherregal, spielt unter dem Tisch, springt herzu, wenn Vera sie ruft. Vera beschäftigt sich lange Zeit sehr intensiv mit ihr. Sie hat Gespür für Tiere, sagt Vater, das hätte ich nicht für möglich gehalten. Sie, Katharina, findet Mohrchen niedlich, das ist alles. Nach einem halben Jahr findet sie Mohrchen lästig, immer will sie raus, maunzt und schreit, wenn man ihr nicht das Küchenfenster öffnet, sogar nachts bleibt sie oftmals draußen. Der Erfolg dieser nächtlichen Ausflüge läßt sich bald nicht verheimlichen: Mohrchen ist schwanger, der Kreislauf des Katzenlebens beginnt von neuem, die Frage wird laut, was sie mit den jungen Kätzchen beginnen sollen?

Und nun verhält sich Vera eigenartig. Sie entzieht dem Tier jede Zuneigung, kümmert sich nicht mehr darum, ob es etwas zu fressen bekommt, streichelt es nicht mehr, wehrt alle schmeichelnden Liebkosungen, die ihr Mohrchen nach wie vor entgegenbringt, ab, geh fort, sagt sie, ich mag dich nicht. Die Eltern versuchen Vera klarzumachen, daß die Katze nur ihren natürlichen Gesetzen folge, sie sei auf der Welt, um Nachkommen zu gebären, dies stelle natürlich die gesamte Familie vor neue Probleme, aber das könne doch diese alberne Abwehr, die Vera plötzlich zur Schau trüge, nicht erklären.

Eine Antwort hat Vera nicht gegeben. Mohrchen, feinfühlig und nervös, kehrte von einem ihrer Ausflüge nicht zurück. Ob sie überfahren wurde oder in die Freiheit der nahe gelegenen Flußwiesen ausgewichen war, erfuhr man nicht.

Fortan wollte Vera mit Tieren nichts mehr zu tun haben.

Geschwister kann man sich nicht aussuchen. Sie hätte sich sonst bestimmt eine andere Schwester ausgesucht!

Eine Schwester, die ähnlich fühlt und denkt wie sie, mit der sie sich austauschen kann.

Mit Vera verbinden sie gemeinsame Erinnerungen. Mehr nicht. Seit langem vertrauen sie einander ihre heimlichen Gedanken nicht an, sie wissen so gut wie nichts voneinander. Mit ihrem Schwager hat sie besseren Kontakt als mit der Schwester. Jochen ist auch zu Konrads Beerdigung gekommen, er hat ihr beigestanden, hat Wege übernommen, die Todesanzeige aufgegeben und – was das Wichtigste war – mit ihr gesprochen. Daß er nach der Beerdigung nicht mehr mit zu ihr nach Haus gekommen, sondern gleich zum Bahnhof gefahren ist, hat nur ihre Kinder gestört. Sie ist ihm dankbar gewesen für die Zeit, die er zuvor für sie gehabt hat. Mit Jochen hat sie auch vom Betrieb aus telefoniert, nachdem sie ihren Urlaub beantragt hatte. Kann ich euch beide sprechen? hat sie gefragt, oder auch nur dich, wenn Vera wieder mal unterwegs ist?

Darauf er: Hast du Sorgen, was ist los?

Ich erzähle es dir, hat sie geantwortet. Ich brauche einen Rat. Wahrscheinlich werdet ihr sagen, daß ich verrückt bin, aber ich möchte es von euch selbst hören, verstehst du?

Jochen hat natürlich nicht verstanden. Er hat gelacht – Paul lacht auf ähnliche Weise wie sein Vater, ein leises Brummen, mehr ist es nicht. Sie hingegen lacht laut – wenn sie das Lachen einmal ankommt! Als Kind gehörte sie zu den lächerlichen Gänsen, wie Vater es nannte, du stolperst über einen Stein und lachst dich halbtot darüber! Vera kriegt statt dessen Wutanfälle, man sollte nicht glauben, daß ihr die gleichen Eltern habt!

Ein Vierteljahr nach Konrads Tod ist Vera plötzlich bei ihr erschienen. Unangemeldet. Ich hatte hier zu tun, sagte sie, eine Besprechung beim Rat des Bezirkes, kann ich bei dir übernachten? Dann können wir uns unterhalten, es tut mir so leid um Konrad, ich habe ihn gemocht, das weißt du hoffentlich.

Sie stand im Zimmer, schlank, traumhaft schlank, lächelnd, aber das Lächeln konnte jene Unruhe nicht verbergen, die sie schon als Kind umgetrieben hatte und die im Laufe der Jahre nur größer geworden war. Immer tun, immer schaffen, immer schöpferisch tätig sein, das ist das einzige, was im Leben zählt! Ich habe Bilder verkauft, drei Bilder, stell dir vor, und die Aufträge muß ich teilweise schon ablehnen. Von früh bis abends bin ich im Atelier, manchmal schlafe ich auch dort. Jochen hat nichts dagegen, ich glaube, er ist froh, wenn ich ihn auf diese Weise in Ruhe lasse. Und er gönnt mir den Erfolg: Vera Kaufmann, die zwar keinen neuen Stil erfunden, aber zu ihrem eigenen Stil gefunden hat!

Sie ließ sich in den Sessel fallen, und dann ließ sie sich bedienen, legte die Beine auf einen kleinen Fußschemel – der stammt noch von Mutter, nicht wahr? –, erzählte etwas von Krampfadern und Gallensteinen, erwähnte schließlich Paul – er kommt gern zu dir, das ist mir manchmal gar nicht recht, ich werde fast eifersüchtig; wir beide schweigen uns meistens an, ich sehe einfach nicht ein, warum ich der Abladeplatz seiner unausgegorenen Gedanken sein soll, ich habe selbst so viel im Kopf, aber das ist natürlich falsch, bei dir findet er die Aufmerksamkeit, die ich ihm oft schuldig bleibe. Er muß selbst zusehen, wie er sich durchs Leben boxt, uns ist auch nichts geschenkt worden. Weißt du noch, diese Hungerzeit nach dem Krieg – ich glaube, von daher stammt mein Tick, daß der Kühlschrank immer gut gefüllt sein muß, wenn ich nicht zum Einkaufen komme, geht Jochen abends noch los. Dabei ist das hochgradig albern, ein gefüllter Kühlschrank bietet keine Garantie gegen eine mögliche Hungersnot. Ich kann meine Fehler einschätzen, korrigieren kann ich sie kaum. Und wie geht es dir? Hast du dich zurechtgefunden in deinem Witwendasein? Pflegst du deine Hobbys – aber hast du eigentlich jemals ein Hobby gehabt?

Die grauen Augen waren forschend auf sie gerichtet. Sie wich ihrem Blick aus, sie fühlte sich angegriffen. Nein, sie hat niemals Hobbys gehabt! Sie ist auch nie ein musischer Mensch gewesen! Nicht einmal die Einrichtung ihrer Wohnung hat sie nach künstlerischen Gesichtspunkten vollzogen, die Möbel wurden dorthin gestellt, wohin sie nach praktischen Erwägungen am besten paßten, die Bilder wurden dorthin gehängt, wo die Nägel am besten hielten, daß dann doch alles in fröhlicher Harmonie zusammenklang, war dem Zufall zuzuschreiben. Hobbys: Sie hält ihren Haushalt gern und gut in Ordnung, sie liest, aber nicht regelmäßig, jetzt rafft sie sich dazu kaum noch auf; sie hat viel gestrickt und gehäkelt, aber auch das ist vorbei. In den ersten Ehejahren ist sie mit Konrad zuweilen in ein Konzert gegangen, später konnten sie beide mit der Musik moderner Komponisten nichts anfangen, da das Orchester von Ahlheim sich aber der Verbreitung moderner Musik verschrieben hatte, gab es kaum ein Konzert, in dem nicht mindestens zwei Konzertstücke ihren Ohren weh taten. Von Malerei versteht sie nichts. Hobbys – manchmal hat sie gedacht, daß ihre Ehe ihr Hobby gewesen sei, aber kaum ist dieser Gedanke in ihr aufgeblitzt, hat sie ihn schon verworfen. Ihre Ehe mit Konrad, dieses bewußte Miteinanderleben, ist soviel mehr! Es ist ihr LEBEN – und mit Hobby hat das nichts zu tun. Auch ihre Kinder sind niemals ihr Hobby gewesen, sie sind ein Stück von ihr, das sie halten und bewahren möchte, es schmerzt, wenn sich dieses Stück ihres Lebens von ihr trennt und sie nun mit einer Wunde dasteht. Hobby – als ob ein Hobby zum Lebensinhalt werden kann. Höchstens zu einem Farbtupfen auf der sowieso schon bunten Palette, mehr nicht.

Und was heißt das überhaupt: Hobby? Liebhaberei, Freizeitbeschäftigung, eine Tätigkeit, die Spaß macht? Ihr hat vieles Spaß gemacht, aber Spaß wird nie zur Erfüllung. Spaß ist vielleicht die Begleitung, über der die Lebensmelodie erklingt, und es wirkt bedrückend, wenn diese Begleitung fehlt. Noch bedrückender aber und trostloser hört sich eine Begleitung ohne Melodie an. Besten Dank dafür!

Ihr Lebensinhalt sind Menschen gewesen, nicht Tätigkeiten. Darin unterscheidet sie sich grundlegend von Vera.

Und dann: Witwendasein! Das klingt wie: auf dem Abstellgleis! In sechs Jahren Rentnerin, dann ist das Rennen gelaufen, man schleppt sich auf das Ziel hin, wird dem Ziel zugeschoben, im Grunde möchte man umkehren und zum Anfang zurückfinden, aber das ist nicht möglich. Ziel gleich Tod – so ist es doch!

Witwendasein – dagegen revoltiert sie, sie will Konrad wiederhaben, sie will, daß ihre Töchter wieder bei ihr wohnen, sie will ihre geliebte Familie um sich versammeln, auch Mutter, ja, auch sie, und dann will sie dieses Glück halten und für alle Ewigkeit bewahren. Sie findet sich nicht ab mit diesem langsamen Entgleiten aller Dinge, aus der Fülle tritt sie heraus ins Leere, aus dem Licht in Nebel, sie streckt ihre Hände von sich, aber niemand faßt nach ihnen, und so schiebt sie sie enttäuscht und müde in die Manteltaschen und zieht fröstelnd die Schultern zusammen.

Veras Frage wird kaum beantwortet, es geht mir ganz gut, sagt sie, nur diese Stille hier macht mir zu schaffen. Aber Asta kommt häufig, und dein Paul – ein lieber Junge, du kannst stolz auf ihn sein.

Findest du?

Vera zündet sich eine Zigarette an. Wir gehen uns meist aus dem Weg, sagt sie. Jede Prüfung schließt er mit SEHR GUT ab – wie schafft er das? Leider gibt es keine große, spürbare innere Nähe. Mir würde es übrigens nichts ausmachen, wenn er einmal über die Stränge schlüge. Ich habe mich wenig um ihn gekümmert, jetzt tut mir das leid. Sein Schweigen hat mich oft gekränkt, aber ich habe es letztlich hingenommen. Ich habe gemalt und mich nicht weiter um ihn bemüht. Es könnte durchaus sein, daß du mehr von ihm weißt als ich. Sie lacht. Ihr Lachen klingt nicht echt. Dann will sie duschen, sie sei sehr abgespannt, ein heißes Duschbad werde ihr guttun.

Währenddessen bereitet Katharina ein kleines Abendbrot, Vera aß früher gern Rührei auf Schwarzbrot – also serviert sie auch jetzt Rührei auf Schwarzbrot, wartet auf ein winziges Erkennen: Ach ja – früher, wir mußten immer die Teller abessen, Mutter bestand darauf, auch eine ihrer falschen Erziehungsmethoden, man könnte die Reihe fortsetzen – aber nichts erfolgt. Vera ißt, dann legt sie sich auf die Couch und erzählt von ihrer nächsten Ausstellung und davon, daß in der Zeitung ein Artikel über ihre Bilder gestanden habe, schade, sie habe ihn zu Hause liegengelassen. Wenn die Schwester sie besucht, muß sie ihn lesen. Sie kommt doch einmal? Will sie nicht überhaupt einmal nach Ostheim ziehen – oder vielleicht zu Isolde nach Barsen? Etwas Neues anfangen – warum eigentlich nicht?

Damals hat sie abgewinkt und Veras Frage als lästige Zumutung abgetan. Wie sehr hat sich ihre eigene Einstellung doch inzwischen geändert!

Auf Jochens Meinung ist sie neugierig. Seit Konrads Beerdigung hat sie ihn nicht mehr gesehen, er soll in der Zwischenzeit krank gewesen sein. Paul sagte es, ein leichter Herzinfarkt. Hoffentlich kümmert sich Vera gut um ihn. Jochen gehört zu jenen stillen, zurückhaltenden Menschen, die nicht viel Wesen um sich machen, die ihre Pflicht tun und oftmals mehr als ihre Pflicht, die kaum Ansprüche kennen und stellen, zumindest ihre Ansprüche nicht deutlich machen können. Da Vera dies sehr gut kann, dominiert sie innerhalb der Familie, nur Paul hat sich abgesetzt. Er lebt sein Leben für sich. Nein, auch sie kann keine erschöpfende Auskunft geben über sein Leben. Das kann wahrscheinlich nur Asta, aber sie hat Asta noch nie danach gefragt.

༺༻

Ostheim ist von Barsen eine D-Zug-Stunde entfernt.

Sie erreicht die Stadt zwischen neunzehn und zwanzig Uhr. Sie rechnet nicht damit, daß man sie abholt, sie kennt den Weg genau. Es weiß auch niemand, daß sie mit diesem Zug kommt. Kaufmanns wohnen im Stadtinneren, sie haben eine geräumige

Vierzimmerwohnung, der Boden darüber ist auf Kosten der Stadt in ein Atelier umgebaut worden. Hier hat Vera sich eingerichtet, hier haust sie in des Wortes wahrer Bedeutung, hier ist sie zu Haus, in der Wohnung darunter bewegt sie sich wie eine Hausangestellte, die ihre Arbeit erledigt, um danach, frei und unbeschwert, ihren eigentlichen Interessen nachzugehen.

Als Jochen in der Eingangshalle des häßlichen Bahnhofsgebäudes auf sie zukommt, ihr die Tasche abnimmt, ihr die Hand drückt und sagt: Gut, daß du da bist, ich habe schon lange auf dich gewartet, schüttelt sie überrascht den Kopf.

Woher weißt du, daß ich heute und mit diesem Zug komme?

Ich habe Isolde angerufen, kurz nachdem du dort aufgebrochen bist.

Sein Gesicht wirkt müde. Immer noch das Herz? fragt sie besorgt.

Er nickt. Nichts Besonderes, nicht der Rede wert, er erholt sich nur schwer. Konrad wurde von der ersten Herzattacke niedergestreckt, er muß oder darf weitermachen, es kommt auf den persönlichen Standpunkt an, welches Wort hier benutzt wird. Neuerdings versteift sie sich auf MÜSSEN – aber nun erst einmal nach Haus, dieser Abend gehört ihnen, Vera ist zu einer Versammlung gegangen und wird erst gegen dreiundzwanzig Uhr zurück sein.

Auf dem Vorplatz winkt er ein Taxi heran, erstaunlich, daß es hier um diese Zeit Taxen gibt. Sie ist dankbar dafür, nun braucht sie den zwanzigminütigen Weg nicht zu gehen. Die Füße brennen, sie hat ihre guten Schuhe angezogen, das hätte sie nicht tun sollen. Ihre Füße sind sehr empfindlich geworden, meist trägt sie eingetretene Schuhe, damit wollte sie aber Isolde nicht unter die Augen kommen. Sie läßt sich auf den Sitz fallen, faßt nach Jochens Hand, ich habe da nämlich ein Problem, sagt sie, und es ist gut, wenn ich deine Meinung dazu weiß!

Jochen hat etwas Heringssalat gekauft, den essen sie gleich in der Küche. Sie trinken Bier dazu. Früher verabscheute sie Bier, jetzt trinkt sie es gern, es macht sie müde und schirmt sie ein wenig von ihren Grübeleien ab.

Sie sieht: Es herrscht überall eine oberflächliche oder geniale

Ordnung. Wenn Mutter hier wäre, würde sie erst einmal Grund in das Durcheinander bringen, aber das Durcheinander von Malstiften, Farben, Mallappen und Schmierpapier gehört hierher, ohne diese Spuren von Veras sternschnuppenartigem Auftauchen und Verschwinden verlöre die Wohnung ihre Atmosphäre.

Und dann erzählt sie von Gutwill!

Plötzlich kann sie sehr genau und detailliert davon berichten – das Haus, weißt du, liegt auf einer Hochebene, etwa zwei Kilometer vom nächsten Dorf entfernt. Es wird umgeben von einem Park, in dem stehen sehr alte Bäume, Rotbuchen und Eichen, die Linden haben es mir besonders angetan. Wenn sie blühen, riecht man den zarten Duft schon an der Bushaltestelle. Nebengebäude gibt es genug, auch das Haus ist geräumig, die Zimmer sind nicht überbelegt, und die beiden Aufenthaltsräume sind wohnlich und gemütlich eingerichtet, genau so, daß sich alte Menschen darin wohl fühlen. An Büro und Küche kann ich mich nicht erinnern, ich weiß nur noch, daß Schwester Elisabeth immer viel Trödel hat mit den jungen Schülerinnen, die hier zu Krankenpflegerinnen ausgebildet werden; sie bekamen nach wenigen Wochen einen Anstaltskoller, saßen in ihrer knappen Freizeit in der ziemlich miesen Dorfkneipe und bändelten mit den jungen Männern an. Ihr seid nie dort gewesen, obwohl Mutter auf euch gewartet hat.

Mutter und ich, wir sind uns aus dem Wege gegangen, sagt Jochen. Vera ist Mutter zu ähnlich – zwei Frauen dieses Typs hätte ich nicht verkraftet!

Es riecht dort nach Urin und scharfen Desinfektionsmitteln, fährt sie fort. Im Treppenhaus und in den einzelnen Etagen gibt es Sitzecken, dort sitzen immer ein paar Alte und schweigen oder flüstern miteinander, manchmal zanken sie sich auch, ganz nach Stimmungslage. Und sonntags warten alle auf Besuch, aber es kommt selten jemand. Ich habe schon an den Gesichtern im Bus erkannt, wer unterwegs war nach Gutwill, eine junge Frau ist zuweilen mit mir gefahren, auch eine ältere Frau und ein Mann in deinem Alter. So regelmäßig wie ich haben sie aber nicht im Bus gesessen. Wenn ich die Auffahrt hinaufgegangen

bin, haben mir die Alten zugewinkt, und zu Mutter haben sie gesagt: Ihre Tochter ist treu, die vergißt Sie nicht! Ich glaube, dieser kleine Neid hat Mutter gutgetan und ihr geholfen, sich in Gutwill einzuleben. Das hat sie nämlich seltsamerweise getan. Auch die anderen Alten sind ganz gern dort, nur daß die Kinder und Freunde und Verwandten sie so vergessen, verkraften sie nicht. Die letzte Station, und der Tod ist ständig gegenwärtig, dabei werden Ausflüge organisiert und Veranstaltungen, und manchmal erzählt auch einer der Bewohner den anderen aus seinem Leben, ganz öffentlich und wohldurchdacht und überlegt. Aber trotzdem – ein Sterbehaus, so hat es Asta einmal genannt. Soll ich da hin?

Es müßte geklärt werden, sagt Jochen langsam, ob du Angst vor dem Tod hast.

Er hat jedem von ihnen ein Glas Wermut eingegossen, jetzt trinkt er ihr zu. Sie trinkt das Glas mit einem Zug leer. Gieß mir noch einmal ein, bittet sie. Angst vor dem Tod – hat sie nicht jeder? Oder du etwa nicht? Sag bloß, du hast keine Angst?

Nein. Er überlegt, sucht nach Worten, hat den Blick gesenkt, die Hände zerknüllen ein Taschentuch. Vor dem Tode nicht. Eher vor dem Sterben.

Auf dem Tisch neben der Wermutflasche steht eine Vase mit Löwenzahnlampions, unzählige zarte, feingliedrige, leichte Fallschirmchen hängen noch am Blütenboden, das Licht der Stehlampe läßt die unendlich feinen Samenfäden wie Spinnennetze glitzern, Spinnennetze im Morgentau: Sie ist einmal mit Timm morgens über eine mit Spinnennetzen überzogene Wiese gelaufen, dieses Funkeln und Glitzern an hochstämmigen Brennesseln und Disteln ist ihr unvergessen geblieben. Ich habe eine Kristallwiese gesehen, hat sie später zu Konrad gesagt, damit machte sie ihn neugierig. Am nächsten Morgen gingen sie vor Arbeitsbeginn mit dem Hund nochmals den gleichen Weg, aber es hatte in den Frühstunden nicht getaut, die Spinnweben hingen glanzlos und beinahe unsichtbar am Gestrüpp. Sie war enttäuscht, er tröstete sie, ich sehe es mit deinen Augen, sagte er, ich kann mir vorstellen, wie gestern hier alles gefunkelt und gestrahlt hat.

Wenn das Sterben schnell geht wie bei Konrad, fürchte ich es nicht, sagte sie nach einer Weile. Aber Mutter hat sich quälen müssen, und das war schlimm.

In Gutwill ist das wahrscheinlich die Norm. Und eben das mußt du klären: ob du es ertragen kannst auf die Dauer. Ansonsten: Du wirst gebraucht, es gibt nichts Besseres. Ich komme mir so überflüssig vor. Im Betrieb wird die Arbeit auch ohne mich geschafft. Ich habe einen jungen Kollegen schon als meinen Vertreter und späteren Nachfolger eingearbeitet, es ist völlig ungewiß, wie lange mein Herz noch mitmacht. Mein Arzt sprach von frühzeitiger Invalidisierung – du kannst dir denken, daß ich das hinausschiebe, solange es geht. Und Vera – es ist alles gut zwischen uns, wir haben gelernt, den anderen so zu nehmen, wie er ist. Erst wollte ich sie mit meinen Problemen nicht belästigen, dann hatte sie selten Zeit, später war ich gereizt, und sie wollte malen, so bekamen wir Streit. Jetzt gehen wir liebevoll und vorsichtig miteinander um, wir tun einander nicht weh, das ist doch viel.

Über Paul kannst du dich freuen.

Paul, ja.

Kommt er mit seinem Leben zurecht? denkt sie. Abteilungsleiter in einem Chemiewerk, angesehene Stellung, verantwortungsvoller Posten. Konrad hat nie so einen müden Eindruck gemacht! Nicht einmal kurz vor seinem Tod. Er hat sich schon morgens, wenn sie zusammen die Wohnung verließen, auf die Heimkehr gefreut. Mach es gut und denk an mich, das ist wichtig, flüsterte er ihr auf der Treppe zu, und sie flüsterte zurück: Was passiert, wenn ich mich bei den Lohnabrechnungen irre? An der Straßenbahnhaltestelle trennten sich ihre Wege, er fuhr einige Stationen mit der Bahn, sie ging die Karl-Marx-Straße hinunter, bog dann rechts ab und betrat nach genau acht Minuten das Lohnbüro. Meist kam sie kurz vor Dienstbeginn, grüßte fröhlich, Frau Köhler sagte oft: Sie haben wohl nie schlechte Laune? Warum soll ich schlechte Laune haben, antwortete sie, es geht mir doch gut!

Das hat sie schon lange nicht mehr gesagt. Und sie grüßt auch nicht fröhlich, sondern müde, immer diese Müdigkeit, jetzt spürt sie, daß auch Jochen darunter leidet, das macht ihn ihr auf eine neue Art vertraut.

Und dann kommt Vera. Hallo, ruft sie schon an der Tür, hast du dich endlich mal aufgerafft? Herzlich willkommen – habt ihr was zu trinken für mich? Ich habe vielleicht einen Durst!

※

Immer schon hat Vera diesen Wirbel von Aktivität um sich verbreitet, der die weniger Aktiven unwillkürlich lähmt. Als sie noch Kinder waren, versammelte sie ständig etliche Freundinnen um sich, die das Kinderzimmer in Beschlag nahmen, Katharina zog sich dann maulend ins Wohnzimmer zurück, ihr war das Gekicher lästig. Einzelgänger seit je – Vera hingegen hat einige Kinderfreundschaften bis in die Gegenwart gerettet. Eine ihrer Freundinnen ist im Krieg bei einem Bombenangriff ums Leben gekommen, andere haben sich gleich nach Kriegsende aus dem Staub gemacht und sich in West- und Süddeutschland eine neue Heimat gesucht, es werden Briefe gewechselt, sporadisch, was macht die Familie? – danke, ich male. Jahrgang 1931 – als Vierzehnjährige hat Vera das Kriegsende erlebt, ist danach noch zwei Jahre zur Schule gegangen, dann hatte sie keine Lust mehr. Sie nahm eine Ausbildung als technische Zeichnerin auf, arbeitete einige Jahre in einem Baubetrieb, lernte Jochen kennen, es war sicher nicht der erste Mann, in den sie sich verliebte, aber es war der erste Mann, der von Heirat sprach und der von einer Freundschaft oder Liebelei nichts wissen wollte. Zwei Jahre waren sie eng miteinander befreundet. Mutter war damals sehr böse, du bist eine Hure, schrie sie Vera an, und so etwas habe ich großgezogen. Darauf drehte sich Vera auf dem Absatz um und zog mit allem, was sie besaß, in das Zimmer, das Jochen bewohnte. Die Wohnungsinhaberin, eine alte, alleinstehende Frau, starb einige Monate später, man sagte ihnen, daß sie die Zuweisung für die Wohnung erhalten könnten, wenn sie heiraten würden. Diesen Grund zur Heirat akzeptierte Vera sofort. Mutter versöhnte sich mit ihr, trotzdem blieb ihr beiderseitiges Verhältnis bis zu Mutters Tod gespannt und sehr distanziert. Nicht einmal Pauls Geburt änderte etwas daran, der Junge tat der Großmutter leid, der muß von Anfang an zusehen, wie er allein zurechtkommt, pflegte sie zu sagen, eine Malerin als Mutter, dafür kann er sich bedanken! Gleich nach Pauls Geburt begann Veras Ausbildung an einer Fachschule für angewandte Kunst, Jochen mußte damals einen Großteil der Hausarbeit übernehmen, er tat es gern, der Stolz auf seine Frau, die mehr zustande zu bringen schien als technische Zeichnungen, half ihm über manchen einsamen Abend hinweg. Vera ließ ihn auch teilhaben an ihren Erfolgen, ihren Niederlagen, Ängsten und Hoffnungen, die ersten Jahre ihrer Ehe waren trotz vieler äußerer Schwierigkeiten sicher die glücklichsten ihres Lebens. Katharina beneidete die Schwester oft, sie macht es richtig, sagte sie zu Konrad, sie schafft mehr als nur ordentliche Arbeit, sie schafft Eigenes, ich hätte das nie für möglich gehalten. Konrad lachte, wer sagt denn, daß Vera bedeutend ist, tröstete er, vielleicht wird sie es einmal, das muß die Zukunft erweisen. Jeder auf seinem Gebiet, mein Schatz, und du bist auf deinem Gebiet einsame Spitze! Sie wollte wissen, welches Gebiet er meinte, er küßte sie, da vergaß sie die Frage.

Sie ist Jahrgang 1926, sie hat den Krieg härter und bewußter erleben müssen als die jüngere Schwester. Kriegsabitur, das hat sie noch gemacht, dann wurde sie zum Roten Kreuz eingezogen, zum Glück konnte sie in einem Heimatlazarett der Luftwaffe, das in Ahlheim gleich zu Beginn des Krieges gebaut worden war, arbeiten; in jeder freien Stunde fuhr sie mit dem Rad nach Hause. Mutter war schon damals eine resolute Frau, Vera ein Kind, am meisten hing sie an ihrem Vater, dessen ruhige freundliche Art ihr immer wieder Mut machte. Halt durch, Mädchen, sagte er, wir müssen jetzt die Zähne zusammenbeißen, es gibt nichts Wichtigeres als das Überleben, darauf wollen wir uns konzentrieren. Sie überlebten auch, aber die harten Zeiten zwangen sie, sofort eine Tätigkeit zu ergreifen, den Luxus einer Berufsausbildung konnte sie sich nicht leisten. Sie lernte nebenbei Stenografie und Schreibmaschine, legte später etliche Prüfungen ab, wurde erst Sachbearbeiterin, dann Lohnbuchhalterin und blieb ihrem Betrieb trotz ihrer beiden Kinder treu. Nach Astas Geburt arbeitete sie freilich lange Jahre hindurch nur halbe Tage. Erst als Asta in die fünfte Klasse ging, entschloß sie sich wieder zur Vollbeschäftigung. Natürlich hat es auch für sie Stunden und Tage gegeben, in denen sie stöhnte und jammerte, alles wurde ihr zuviel, der Wunsch, aus den Verpflichtungen zu fliehen und frei zu sein – frei von jedem DU SOLLST, DU MUSST –, machte ihr schon das Aufstehen zur Qual, wieder so ein Tag, schimpfte sie, und das ist nun mein Leben, darauf pfeife ich, verzichte dankend, oder . . .? Das fragte sie Konrad, er sah sie traurig an, Hundeblick, dachte sie, ich schlage zu, und er duckt sich, aber er verläßt mich nicht, er bleibt, auch wenn ich nicht zu ertragen bin. Sie entschuldigte sich, irgendwann fiel die Last von ihr, sie konnte sich das nicht erklären, plötzlich atmete sie freier, fröhlicher, das geschah stets ohne äußeren Anlaß. Uns geht es gut, flüsterte sie abends in Konrads Armen, ich vergesse es zuweilen, weiß selbst nicht, warum, wir haben uns, das ist mehr, mehr, als wir eigentlich verdienen.

Ob Vera das jemals zu Jochen gesagt hat?

Sie will es hoffen. Sonst hat sie nicht nur mit Jochen, sondern auch mit ihrer Schwester Mitleid.

Die Stehlampe wirft ein hartes, helles Licht ins Zimmer, ihr ist es in diesem Licht kalt, aber das sagt sie natürlich nicht. Sie umarmt die Schwester, legt ihre Wange an ihr Gesicht, hält sich sekundenlang an ihr fest. Schon spürt sie, wie Veras Körper sich strafft, Vera mochte auch als Kind keine Zärtlichkeiten. Na Kleine, sagte sie manchmal zu ihr und strubbelte ihr Haar, geht es gut? Nee, antwortete Vera regelmäßig und streckte der älteren Schwester die Zunge heraus, laß mich in Ruhe, ich finde dich blöd!

Das sagt sie jetzt natürlich nicht. Sie sagt vielmehr, daß sie sich freue, die Schwester endlich wieder einmal hier zu haben, und wie fühle sich die Große? Ein bißchen mickrig sehe sie aus, trotz der überzähligen Pfunde, ganz beachtliche Taillenweite, da müsse sie staunen! Und sie dreht sich einmal um sich selbst, damit jeder ihre Schlankheit bewundern kann, habe mich gut gehalten, was, sagt sie, macht die Arbeit, im nächsten Monat muß ich wieder Bilder zu einer Ausstellung schicken, ich sage dir, man reißt sich allmählich um mich, ich komme kaum noch nach, aber Spaß macht es, man fühlt, daß man lebt, und was will man mehr!

Sie trinken noch eine Flasche Wermut zusammen, eine angenehme Müdigkeit nimmt von ihr Besitz, ganz entspannt sitzt sie auf der Couch; Vera raucht, redet, merkt nicht, daß weder Jochen noch die Schwester interessiert zuhören, daß sie inzwischen ihre Gedanken spazierengehen lassen. Ich sage ihr nichts von Gutwill, denkt sie, Vera würde nicht verstehen, sie würde nur wieder vom Lebengenießen schwatzen, aber immer, wenn ich sie frage, was sie darunter eigentlich versteht, weiß sie keine Antwort. Das war schon früher so, manchmal kam sie aus der Schule, warf sich aufs Bett und sagte: Heute tu ich nichts, heute genieße ich den Tag! Es kam meist nichts anderes heraus, als daß sie die Stunden vertrödelte, hat Vertrödeln etwas mit Genuß zu tun?

Leider erwähnt Jochen von sich aus Gutwill. Nun ist mit einem Mal die Ruhe ausgelöscht. Vera sitzt gerade im Sessel. Das willst du tun, bist du dir denn nicht selbst genug, brauchst du so handgreifliche Bestätigung, daß dein Leben noch einen

Sinn hat? Bist du so arm dran, ich meine, innerlich so arm? Lebst du nicht aus dir heraus? Jeder Mensch lebt doch in erster Linie SICH SELBST, er lebt nicht durch andere, sondern allein und einzig durch sich. Genügt dir das nicht?

Würde es dir genügen? Warum malst du? Das ist doch deine Selbstbestätigung?

Aber wie kannst du eine künstlerische Arbeit mit Altenpflege vergleichen?

Warum nicht? Beides ist wichtig – und du kannst dir selbst die Frage stellen, worauf am ehesten verzichtet werden könnte!

Das klingt nun schon wie eine Kampfansage. Und es klingt, als sei sie fest entschlossen, nach Gutwill zu gehen. Selbst Jochen scheint überrascht zu sein. Vorhin hat es sich anders angehört. Da wurde eine Frage gestellt und nach einer Antwort verlangt. Jetzt hat alles schon Ähnlichkeit mit einem Programm: So wird es gemacht – und nicht anders!

Nach einer kurzen Atempause lenkt sie das Gespräch wieder auf Veras Bilder. Ob sie noch Blumenbilder male, fragt sie. Das Bild, das sie ihr zum fünfzigsten Geburtstag geschenkt habe, werde ihr von Jahr zu Jahr lieber. Sie erinnere sich doch: ein Strauß, wenige Blumen nur, Rittersporn, weiße Glockenblumen, eine rotlila Spiräe und feines, weißblühendes Ziergras – immer wieder müsse sie davor stehenbleiben und sich in den Sommer träumen, früher sei sie mit Konrad so oft abends spazierengegangen, in den Vorgärten habe sie dann die Blumen bewundert, am liebsten seien ihr aber doch die Feldblumen gewesen, die man heutzutage kaum noch findet, Klatschmohn und Kornraden und wilde Löwenmäulchen ...

Da vergißt Vera Gutwill. Da schleppt sie aus dem Atelier Skizzen und kleine Aquarelle heran, da blättert sie einen großen, blühenden Sommergarten hin, erklärt, macht auf besondere Farbeffekte aufmerksam, selbst Jochen beugt sich interessiert über die Skizzen und findet alles rundweg gut. So gut nun auch wieder nicht, wehrt Vera ab, es muß noch viel daran getan werden, aber ich habe keine Zeit dazu. Ich male jetzt ein Bild für die Schule, spielende Kinder, mir ist die Komposition noch nicht klar. Ich suche nach dem WIE, versteht ihr, das Bild soll

Lebensfreude vermitteln, nicht nur ein anerkennendes GANZ HÜBSCH. Kinder malen sich immer gut, gerade deshalb ist die Gefahr groß, in Klischees zu geraten, ein Kind ist nicht ständig optimistisch, es ist gleichermaßen nachdenklich und ängstlich und scheu, und das muß auch spürbar werden, sonst wird das Bild zur Lüge.

Sie lebt, denkt Katharina neidisch. Ich hingegen vegetiere. Sammle Brosamen, die von anderen Tischen fallen, ernähre mich von Freundlichkeiten, davon werde ich nicht satt.

Sehnst du dich auch zuweilen in die Vergangenheit zurück? fragt sie plötzlich. Möchtest du auch, daß Paul wieder klein ist und dir gehört? Daß du in dieses ganz enge Vertrautsein mit dem Kind zurückgleitest? Oder macht es dir nichts aus, daß ihr euch voneinander entfernt, und am Ende wißt ihr kaum noch, was der andere denkt und fühlt, worüber er sich freut, was er fürchtet?

Vera sammelt ihre Bilder, legt sie auf einen freien Stuhl. Ihr Gesicht, das sich während des Gespräches über ihre Arbeit verjüngte, wird wieder kühl und leicht abweisend.

Der Lauf der Welt, meine Liebe. Ich wünsche es mir nicht anders. Ich habe MEIN Leben zu leben, nicht das meines Sohnes. Er muß allein laufen. Das kann er übrigens auch sehr gut. Wenn er mich braucht, weiß er, wo er mich findet.

Jochen steht auf und verabschiedet sich, er ist müde und möchte schlafen. Vera hebt die linke Augenbraue, so hat sie schon immer Erstaunen und Verärgerung geäußert. Es ist noch nicht vierundzwanzig Uhr, kein vernünftiger Mensch geht um diese Zeit schon zu Bett. Aber Jochen ist fast ein alter Mann, Ende Fünfzig, was kann man da noch erwarten. Schlaf gut, sagt sie, ich unterhalte mich noch mit meiner Schwester.

Später nimmt Vera sie mit in ihr Atelier: Das ist ein großer Raum, der aus zwei kleineren Räumen entstanden ist, zwischen denen man die Wand ausgebrochen hat. Man: das waren Jochen und Paul, zum Glück hat es sich nicht um eine tragende Wand gehandelt, sie hätte sonst auf einem anderen Atelier bestanden. Hier hat sie es natürlich sehr bequem: die Wohnung gleich in der Nähe, trotzdem ein Reich, das ihr allein gehört, sie

kann die Tür hinter sich schließen und ist mit sich und der Leinwand und den Farben allein, auch mit ihren Ideen und mit ihrer Müdigkeit – oder gibt es bei Vera keine Müdigkeit?

Katharina fragt nicht, aber sie sieht: das alte Sofa mit den zerwühlten Kissen und der Decke, die nicht ordentlich zusammengelegt, sondern einfach nur hingeworfen ist, jemand hat geruht und ist sehr plötzlich aufgestanden, keine Zeit, um die Spuren der Ruhepause zu verwischen, das ist auch nicht nötig, hier steht niemand unter Kontrolle, höchstens unter der Kontrolle des eigenen Ehrgeizes. Daß Vera ehrgeizig ist, gehört auch zu jenen Kindheitserinnerungen, die sie nicht vergißt. Schulsportfest, schon abends tönte Vera beim Abendessen, daß sie anderen Tags mindestens drei erste Preise erlangen würde, im Schnelllauf, im Weitsprung und im Stafettenlauf. Vater nickte ihr aufmunternd zu, Mutter sagte, sie solle nicht so große Sprüche machen, immer die Beste, das hielte auf die Dauer kein Mensch aus. Vera zog schon damals die Augenbraue hoch, und am anderen Tag strengte sie sich an, sie gewann wirklich den Schnellauf, sprang am weitesten, auch ihre Staffel lag vorn, da stolperte sie beim Stabwechsel, konnte sich nicht halten, wollte sich mit dem linken Ellbogen aufstützen, der Aufprall war so stark, daß das Ellbogengelenk verletzt wurde. Sie mußte für einige Tage ins Krankenhaus, der Ellbogen wurde operiert, eine Zeitlang befürchteten die Ärzte, daß der Arm steif bliebe. Vera biß die Zähne zusammen, die Zwölfjährige schien nur aus Wut zu bestehen. Als sie wieder daheim war, begann sie heimlich mit Übungen, nach acht Wochen konnte sie den Arm bewegen wie vor dem Bruch, die Ärzte wußten sich diesen Heilungserfolg nicht zu erklären. Vera erwähnte kein Wort von ihrem selbsterdachten Training.

Der große Arbeitstisch in der Mitte des Raumes ist übersät mit Skizzen. Auf der Staffelei steht ein halbfertiges Bild, das Porträt einer etwa vierzigjährigen Frau. Ein strenges Gesicht, in den Augen viel Nachdenklichkeit und Schwermut, der weiche Mund bildet einen auffallenden Kontrast zu Stirn und Augenpartie. Kein schönes, nicht einmal ein hübsches Gesicht, aber ein Gesicht, das lebt.

Wer ist das?

Meine Ärztin. Ich habe sie aus dem Gedächtnis gemalt, aber ich glaube, ich habe das Wesentliche getroffen.

Du brauchst eine Ärztin?

Hin und wieder, für meinen Kreislauf. Ich bin schon zweimal vor der Staffelei zusammengerutscht. Sie verschreibt mir Tabletten, auch schon mal Massagen. Manchmal kommt sie her, sitzt dort in dem Sessel und raucht ein paar Zigaretten. Sie hat ein mongoloides Kind, mehr weiß ich nicht von ihr. Wir gehören nicht zu jenen Leuten, die immerzu die eigenen Probleme vor anderen auffächern und bedauert werden wollen.

Vielleicht wollen jene Leute nicht bedauert werden, vielleicht erhoffen sie Hilfe.

Wie willst du einem anderen Menschen ehrlich und aufrichtig helfen? Jeder muß mit sich allein fertig werden, wer es nicht schafft, geht vor allem an seiner eigenen Schwäche zugrunde.

Und Jochen? Hast du noch Zeit für ihn?

Hat er sich beklagt?

Gehört er denn zu jenen, die bedauert sein wollen?

Sie sehen sich an. Sie haben miteinander gespielt, sie haben sich gezankt, haben jahrelang ein Zimmer bewohnt, haben schöne Weihnachtsfeste im Elternhaus erlebt, Geburtstagsfeiern, Krankheiten, sind sich nah gewesen und gleichzeitig fern. Das Fernsein, das nicht im äußeren Getrenntsein wurzelt, sondern in unterschiedlichen Charakteren und Lebensauffassungen, verstärkte sich im Laufe der Jahre.

In diesem Augenblick nun hat sie das Gefühl, als sähe sie ihre Schwester zum ersten Mal so, wie sie wirklich ist. Ich habe mir von ihr eine Vorstellung gemacht, die nicht stimmt, denkt sie. Ich habe immer gemeint, sie sei kalt und egoistisch. Maske, die sie sich überstülpt, um ihre Verletzlichkeit zu verbergen. Soll sie malen, soll sie ihre Lebenserfüllung finden in Skizzen, Aquarellen und Ölbildern – wenn es sie glücklich macht, ist es gut. Wohin es führt, wenn man sich zu sehr an Menschen hängt, sehe ich an mir. Ich bin wie ein Gefäß – ich muß mir eine Tätigkeit suchen, die mich erfüllt und ausfüllt. Vera ist erfüllt und ausgefüllt von ihrem Tun. Gleichzeitig sehnt sie sich nach einem guten Verstehen mit Paul. Das spüre ich, auch wenn sie es vor sich selbst nicht wahrhaben will. Paul – den hat sie wahrscheinlich unbewußt geformt durch das Beispiel, das sie ihm immer gegeben hat. Selbstbehauptung durch Leistung. Oder empfinde ich das nur so?

Und Vera denkt: Da steht sie nun, alt geworden vor der Zeit. Und einsam. Arbeit ist ihr stets Mittel zum Zweck gewesen, nie der Zweck an sich. Wohin sie nun faßt, ist Leere. Konrad tot – stürbe Jochen, so würde mich das sehr traurig machen, aber es würde mich nicht hindern, mein Leben so weiterzuführen wie bisher.

Vielleicht wäre Gutwill für dich doch bedenkenswert, sagt sie plötzlich. Vielleicht wäre Gutwill für dich das, was für mich dieses Atelier bedeutet: Selbstverwirklichung. Obwohl das natürlich eines dieser Modeworte ist, die jeder benutzt, und kaum einer kann sie erklären oder umschreiben. Selbstverwirklichung – das heißt doch: Du lernst in erster Linie dich selbst kennen, und dann lernst du, dich von dir zu trennen, also dich nicht so wichtig zu nehmen, und du lernst, immer wieder zu dir zurückzukehren und mit dir selbst auszukommen. Zur Zeit kommst du mit dir überhaupt nicht aus, nicht wahr? Also müßtest du von dir abgelenkt werden, damit du dich eines Tages wieder neu entdecken kannst. Abschied nehmen – und etwas Neues beginnen. Ich fange an zu begreifen, was Gutwill für dich sein könnte!

Aus einer alten Kommode nimmt sie zwei Gläser und eine Flasche Likör – komm her, Mädchen, wir trinken noch ein Glas, und dann mach ich dir hier dein Bett, ich lasse dich mit meinem Leben allein, ist das ein Angebot?

Ich wüßte nicht, wie ich dich mit meinem Leben allein lassen sollte.

Das eben ist der Unterschied zwischen uns beiden. Er ist mir gerade jetzt bewußt geworden. Deshalb rate ich zu.

Sie sitzen noch eine Weile, dann will Vera frisches Bettzeug holen, aber Katharina wehrt ab, wozu, sie kann dort gut auf dem Sofa schlafen, keine Umstände, sie haßt Umstände jeder Art. Vera will wissen, wie lange sie bei ihnen bleibt, vielleicht noch einen Tag, sagt sie, wenn es dir recht ist und ich dich nicht bei der Arbeit störe. Du kannst ja vormittags einen Stadtbummel unternehmen und mittags kochen, antwortet Vera, in der Zeit male ich, dann bin ich frei, und der Nachmittag gehört uns.

༄

Als Vera gegangen ist, sieht sie die Skizzen auf dem Tisch an, die Bilder, die an der Wand lehnen, die Aquarelle, die in Passepartouts an der Wand hängen. Harte Industrielandschaften in einem kalten Licht wechseln mit Blumenbildern ab, Milieustudien, Landschaften, viel Hochebene mit einzelnen Baumgruppen und weiten, wogenden Kornfeldern, Porträts, Kinderbilder. Vor den Kinderbildern verhält sie lange. Immer hat sie das Gefühl, als habe Vera das allein Wesentliche festgehalten, den Ausdruck der Augen, eine zartgeschwungene Linie der Stirn, einen weichen Mund, Erwartung, Freude. Sie staunt, daß sich die Schwester so gut in Kinder hineindenken kann, auch das hat sie ihr – wie vieles andere – nicht zugetraut. Sie müßte Beate malen, denkt sie, vielleicht könnte ich durch das Bild begreifen

lernen, was für ein Kind Beate ist. Oder besser: was für ein
Mensch sie einmal werden wird. Es gibt so widersprüchliche
Eigenschaften in ihr, unbefangene Fröhlichkeit, daneben schon
jetzt ein affektiertes Verhalten, das für die Zukunft nichts
Gutes verspricht. Ich weiß nicht, ob Isolde und Alexander bereits aufmerksam geworden sind, ich jedenfalls weise sie nicht
darauf hin, dazu kenne ich Beate zu wenig. Als Großmutter
kann ich ausweichen in den Raum der Nichtverantwortung.
Was freilich mit Verantwortungslosigkeit nicht verglichen werden darf.

Und dann – ein Stapel zwischen Arbeitstisch und einer alten
Truhe – das ist, als würde sie eine völlig neue, bisher unbekannte Vera kennenlernen: Bilder mit christlichen Motiven,
das Kruzifix mit einem stilisierten Korpus, das Antlitz des Christus, voll unnennbarer Güte und nicht faßbarer Traurigkeit.
Entwürfe für kirchliche Gebäude, Gottesdienstraum und Gemeinderaum in einem, eine Hinwendung zur Kirche im ganzen.
Vera, die sich nicht hat konfirmieren lassen, weil sie Gott nicht
finden konnte in dem Chaos der Kriegs- und Nachkriegszeit,
weil sie auf Familienfeste mit frommem Anstrich verzichtete,
weil es auch nichts zu feiern gab, sie hatten überlebt, das war
schon alles. Ihre eigene Konfirmation – sie muß lächeln, während sie sich erinnert: Sie hatten Unterricht bei einem jungen
Vikar, der war lang und blond und immer sehr verlegen. Etwa
zwanzig Mädchen saßen in dem kleinen Gemeinderaum und
warteten darauf, daß er errötete, daß er zu stottern anfing, boshaft lagen sie auf der Lauer, und wenn er dann, am Ende seiner
Beherrschung, fast fluchtartig davonstürmte, brachen sie in Gelächter aus, in das sich Triumph und gleichzeitig Scham mischten, sie hatten wieder die Grenze des Erlaubten überschritten,
im Grunde tat ihnen der junge Mann leid. Sie gehörte zu den
Stilleren der Gruppe, saß immer auf der letzten Reihe, beobachtete, lernte nichts, lernte absolut nichts, und während der
Einsegnung dachte sie erschrocken: Ich glaube doch gar nicht,
weshalb bin ich nur hier? Es war aber niemand da, der ihr auf
diese gedachte Frage eine Antwort geben konnte. Sie haben an
der Tradition festgehalten, weder sie noch Konrad sind aus der

Kirche ausgetreten, sie haben die Töchter zur Christenlehre und Konfirmandenstunde geschickt – wie sie es jetzt damit halten, weiß sie nicht. Sie weiß ja nicht einmal, wie sie selbst dazu steht, der Pfarrer hat auf Konrads Beerdigung viel über die Auferstehung gepredigt, sie ist aber so eingemauert gewesen in ihren Schmerz, daß sie kaum zugehört und nur immer gedacht hat: Wann ist das hier endlich vorüber?

Vera...

Vera malt den Christus! Ein junger Mann dieser Zeit mit der Dornenkrone auf dem Haupt. Ein kleines Bild nur, skizziert mehr als bis in alle Einzelheiten gestaltet, aber es trifft sie so, daß sie sich setzen und es ansehen muß. Lange. Sie hat das Gefühl, als zöge der Blick jener Augen sie unwiderstehlich an, laß dich fallen, sagen die Augen, ich fange dich schon auf, wenn dein Vertrauen groß genug ist. Aber ich bin ganz ohne Vertrauen, denkt sie, nur voller Sehnsucht, daß einer meine Hand nimmt und mich dorthin führt, wo ich für den Rest meines Lebens hingehören kann. Gutwill – was meinst du zu Gutwill?

❦

Am nächsten Tag bringt sie Veras Wohnung ein wenig in Ordnung, nur oberflächlich, in diesen Tätigkeiten ist sie sehr geübt, alles geht ihr schnell von der Hand. Jochen soll sich wohl fühlen, wenn er heimkommt. Morgens hat sie ihn nicht gesehen. Als sie aufstand, war er schon aus dem Haus. Sie hat gut geschlafen, besser als daheim. Nun moppt sie die Fußböden und wischt Staub, gibt den Blattpflanzen frisches Wasser, nimmt die verwelkten Blumen aus den Vasen, will Vera fragen, was sie zu Mittag kochen soll, aber Vera steht vor der Staffelei und malt, sie hört nicht, wie sie die Tür öffnet und wieder schließt. Also wird sie Gulasch mit Makkaroni zubereiten, das geht schnell, und Jochen ißt es gern, sie weiß es von früher.

Fremde Städte haben sie stets angezogen.

Obwohl sie schon etliche Male in Ostheim gewesen ist, kennt sie sich in der kleinen, verbauten Stadt nicht aus. Der Stadtkern hat so verwinkelte Straßen, daß sich weder Bahn noch Bus hindurchschlängeln können. Fußgängerzonen haben sich hier angeboten, als anderenorts davon noch nicht die Rede war. Die Fassaden sind vor Jahren frisch verputzt worden, daß ihre Farben noch immer ihre Leuchtkraft haben, ist ein Beweis der guten Luft hier in Ostheim, trotz des chemischen Werkes, in dem Jochen arbeitet. In dem Werk werden Weichplaste hergestellt, wenn der Wind ungünstig weht, streifen zuweilen üble Gerüche über die Stadt hin, sonst werden die Bewohner kaum von dem Werk belästigt. Der Markt mit seiner großen Kirche, den drei Fachwerkbauten und den beiden Kaufhäusern bildet gleichsam den Mittelpunkt, von hier aus weisen die Straßen wie Finger einer Hand in die Außenbezirke. Um den Markt herum findet man alle notwendigen Geschäfte, vor zwei kleinen Cafés stehen Tische, Stühle und Sonnenschirme auf der Straße, hier kann man sitzen und sich ausruhen, schauen, Menschen, wo kommen nur die vielen Menschen her, denkt sie, eigentlich ist doch außer Rentnern und Kindern jeder berufstätig! Auch ich, aber ich habe Urlaub – der erste Urlaub ohne Konrad, seltsam, daß ich das ertrage, bin ich wirklich schon auf dem Wege zu mir selbst? Der Partner der Katharina Bessner ist Katharina Bessner – so etwa?

Sie erledigt ihre Einkäufe, dann setzt sie sich an einen der kleinen, runden Tische, bestellt einen Kaffee und eine Portion Eis, läßt die Augen spazierengehen, hier müßte Vera sitzen, denkt sie, da könnte sie Skizzen machen! Der alte Mann dort hat gewiß niemanden, der sich um seine Sachen kümmert, der oberste Anzugknopf hängt so lose herum, daß er bei nächster Gelegenheit abgeht, und die Hosen sind fleckig, die müßten zur Reinigung. Und die alte Frau da drüben führt ihren Hund aus, er pinkelt die Fachwerkhäuser an, wie gut, daß niemand schimpft. Die Kinder vor der Eisdiele – ach ja, Sommerferien, wir mußten damals auf die Felder, diese Kinder können ihre Freizeit besser verbringen ...

Und sie erinnert sich: Mit Konrad hat sie zuweilen ein eigentümliches Spiel gespielt, sie haben das freilich nie als Spiel ausgegeben, sondern als geplanten Ausflug. Nur ist an diesen Ausflügen nichts geplant gewesen! Sonntags sind sie zum Bahnhof gegangen und in den ersten Zug eingestiegen, der abfuhr. Im Zug haben sie sich dann beim Schaffner Sonntagsrückfahrkarten gelöst, manchmal sind sie etwa eine Stunde gefahren, dann wieder nur zwanzig oder dreißig Minuten, manchmal haben sie die Stadt, die sie auf diese Weise erreichten, mit dem nächsten Zug verlassen, weil ihre Häßlichkeit sie niederdrückte, oder aber sie sind durch die Straßen gebummelt, haben vor Schaufenstern gestanden, haben irgendwo zu Mittag gegessen, sind vielleicht zur nächsten Bahnstation gelaufen, Wanderungen über Land, auch das haben sie genossen, unterwegs zu zweit, immer zu zweit, das ist das Entscheidende gewesen!

Als sie mittags am Tisch sitzen und Vera der Schwester das keineswegs ernstgemeinte Angebot macht, sie fortan als Stütze anzustellen, steht plötzlich Jochen in der Tür, hat sich freigenommen, möchte mitessen, Gulasch und Makkaroni, welch seltener Genuß! Er sagt das ohne Vorwurf, Feststellung einer Tatsache nur, und dann ißt er, man kann spüren, wie er diese Stunde genießt, diese kleine Gemeinsamkeit mit Frau und Schwägerin, eine Mahlzeit ohne Hast und mit einem freundlichen Gespräch. Nach dem Essen legt er sich eine Weile hin, ist danach wieder aktiv, möchte etwas unternehmen, was schlagen die Damen vor? Die Damen schlagen nichts vor, richten sich auf dem Balkon ein, über der Stadt brütet die Hitze, am bequemsten sitzt es sich hier nahe den Linden, die die Straße säumen und deren Kronen fast bis zur zweiten Etage reichen. Beinahe wie in Gutwill? fragt Jochen, und sie nickt.

Soll ich hingehen? fragt sie nach einem kurzen Schweigen. Meinst du das ehrlich?

Es wäre vielleicht nicht die schlechteste Lösung. Das Zusammenleben mit den Alten kann nicht schwerer sein als das Zusammenleben mit den Jungen oder mit den Mittleren – mit unseresgleichen also, wenn ich es genau definieren soll. Den letzten Schritt nicht allein tun müssen, mehr verlangen die Alten im Grunde nicht. Wenn man ihnen Hilfestellung gibt, kann man vielleicht eines Tages selbst mit Anstand und Würde dieses Leben verlassen.

Sterbehaus, sagt Vera. Das ist das Typische daran. Das habe ich gestern nicht bedacht, als ich dir riet, diesen Schritt zu wagen. Ehrlich, das habe ich nicht bedacht. Das ändert manches. Wenn du statt dessen bei uns bleiben willst – mir wäre es recht. Deine Hilfe könnte ich gebrauchen. Erträgst du hingegen das Typische dort, fahre hin.

Autolärm, Kinderlachen, das leise Rauschen der Bäume im Wind, Nachmittagsstadt, die sich allmählich zum Abend hinträumt. Abends will sie nach Hause fahren. Für Sonnabend hat sich Paul bei ihr angesagt, er bringt wieder schmutzige Wäsche mit, möchte bei ihr baden, möchte ein paar Stunden mit ihr verbringen, abends hat er sicher etwas vor, wie das so ist bei den jungen Leuten. Vielleicht kommt Asta abends mit ihrem Freund, den muß sie wohl kennenlernen, Asta scheint darauf zu bestehen. Obwohl das nicht sicher ist, bei Asta ist nichts sicher, immer balanciert sie auf dem schmalen Seil ihrer Wünsche und Vorstellungen, will sich freihalten von allen Verpflichtungen, Kellnerin – sie muß Paul unbedingt fragen, ob Asta überhaupt noch als Kellnerin arbeitet, sie wollte in diesem Sommer kündigen, Urlaub machen und danach etwas anderes beginnen. Sie wird schon etwas finden, Arbeitskräfte werden gesucht, also reg dich nicht auf, Mutter, und mach nicht solch Gesicht, sonst komme ich nicht mehr, daß du es weißt!

Solche Sätze bringt Asta schnell über die Lippen. Drohungen: Wenn du mich nicht in Ruhe läßt, drehe ich mich auf dem Absatz um und gehe meiner Wege, dann wird sich herausstellen, wer wen braucht! Ich komme schon allein klar, das wäre gelacht – aber du? Also bleibe sanft und behalte deine Befürchtungen für dich, ich lebe mein Leben, und das mußt du endlich akzeptieren...

Paul soll sich wieder einmal hier sehen lassen, sagt Vera. Immerhin ist er hier zu Haus. Ich gebe dir etwas Geld für ihn mit, das kann er bestimmt gebrauchen. Ich habe letzte Woche ein Bild verkauft, da steht es mir zu, die spendable Mutter zu spielen. Obwohl ihn meine Arbeit nicht interessiert – aber welcher Sohn oder welche Tochter interessiert sich schon für die Arbeit der Mutter?

Die Resignation, die mitschwingt, ist neu, solche Töne hat sie bei ihrer Schwester noch nie vernommen. Auch Jochen schaut seine Frau überrascht an.

Ich glaube, du siehst das zu hart, sagt er.

Mit einer zärtlichen Bewegung legt sie ihre Hand auf seinen Arm. Es ist lieb, antwortet sie, daß du mich trösten willst. Aber ich weiß Bescheid. Ich habe mich euch entzogen – ich habe es tun müssen, wie hätte ich sonst malen können?

Ich glaube, jeder Mensch wird im Laufe seines Lebens an Menschen schuldig, weil er in seiner Beschränktheit nicht alles bewältigen kann, was er bewältigen müßte. Schau dir Katharina an, sie ist an sich selbst schuldig geworden. Paul hat mich mit meiner Arbeit teilen müssen, das hat er mir bisher wohl nicht verziehen. Du hast es mir verziehen, und das macht mich dankbar.

Sie läßt ihre Hand auf seinem Arm liegen. Er beugt sich zu ihr und küßt sie. Sie scheinen minutenlang zu vergessen, daß noch jemand mit ihnen am Tisch sitzt, und Katharina ist klug genug, um sich in diesem Augenblick nicht bemerkbar zu machen.

Später, als sie im Zug sitzt und das gleichmäßige Rädergeräusch seine einschläfernde Wirkung auf sie ausübt, als ihre Glieder schwer werden und sie einen fast aussichtslosen Kampf um das Wachbleiben kämpft, verfällt sie in einen leichten Traum. Sie löst sich von ihrer eigenen Person, sieht sich zu, wie sie einen Weg entlanggeht, der über eine Ebene führt, sie weiß nicht, woher der Weg kommt und wo er endet. Sie geht, und neben ihr geht Konrad, er hat Isolde an der Hand, und sie selbst hält Asta fest, die sich immer von ihr befreien und ihnen vorauslaufen will, sie läßt es nicht zu, das Kind mault, stiefelt mürrisch neben ihr her. Sie sieht, daß sie selbst ein glückliches Gesicht hat, aber dann löst sich Isolde vom Vater und stürmt davon, und wenig später reißt sich auch Asta von ihr los, winkt ihr zu, läuft der Schwester nach. Sie drängt Konrad, schneller zu gehen, sie möchte zu den Kindern, wir können sie nicht so einfach laufenlassen, hört sie sich rufen. Aber Konrad kann nicht so schnell gehen, er bekommt keine Luft mehr, sinkt plötzlich zusammen, ist verschwunden. Und sie sieht sich, wie sie allein auf dem Wege steht, sie beobachtet erschrocken, wie sie zu fallen droht, atmet auf, als sie bemerkt, daß sie Schritt für

Schritt vorankommt, mühsam zwar und schwerfällig, aber sie setzt einen Fuß vor den anderen und gewinnt Abstand. In der Ferne tauchen Gestalten auf, die ihr zuwinken, sie kann nicht erkennen, wer es ist, sie hofft Isolde und Asta zu begegnen, aber die Töchter sind nirgends zu sehen. Da geht sie langsam, aber stetig, auf die Gestalten zu, die ihr ausweichen, einen Halbkreis um sie bilden, sie in ihre Mitte nehmen. Sie streckt die Arme aus, es faßt niemand nach ihren Händen. Da beugt sie sich selbst der eigenen Person, die da geht, entgegen, fängt die Fallende auf, verschmilzt mit ihr, ist allein auf der Ebene, ohne Schmerz, ohne Vorwurf, ohne Kummer. Ist wie aus Glas, wird immer durchsichtiger und vergeht allmählich im Nichts.

Sie schreckt hoch, als der Zug im Bahnhof einfährt. Trotz der Gewitterschwüle, die auch am Abend noch nicht nachgelassen hat, ist ihr kühl. Ein Frösteln befällt sie. Steifbeinig steigt sie aus, geht zum Bus und fährt die drei Stationen. Obwohl sie für diese Tage wenig Gepäck mitgenommen hat, ist ihr die Tasche zu schwer, sie mag den Weg nach Haus nicht zu Fuß zurücklegen. In der Ferne wetterleuchtet es, vielleicht gibt es Regen, sie könnten ihn gebrauchen. Nur kein Unwetter, das in wenigen Minuten die Arbeit langer Wochen vernichtet! Im ersten Jahr ihrer Ehe hat ein Hagelschlag binnen dreier Minuten das reife Getreide um Ahlheim herum leergedroschen, man fuhr später das Stroh ein, pflügte die Körner unter, so kam das Vieh wenigstens zu gutem Grünfutter.

Die Hoffnung, daß Asta in der elterlichen Wohnung sein möge, erfüllt sich nicht.

Es ist niemand da. Stille empfängt sie, abgestandene Luft auch, sie öffnet die Fenster, steht lange und schaut auf die Straße hinunter. Dabei überlegt sie, ob sich diese kleine Reise gelohnt habe. Sie findet keine Antwort darauf, wäscht sich flüchtig, nimmt zwei Schlaftabletten und legt sich ins Bett. Wenn Konrad jetzt hier wäre, würde sie sagen: Ich bin heimgekommen. So aber hat sie auch hier das Gefühl, eine Zwischenstation aufgesucht zu haben, auf der sie im Grunde nichts zu suchen hat.

Die beiden Schlaftabletten bewirken, daß sie einige Stunden durchschläft. Kurz nach vier Uhr aber wacht sie auf, und sie weiß, daß sie nicht wieder einschlafen wird, sie ist wach und gleichzeitig müde, die Augen brennen, wahrscheinlich hat sie sich gestern auf der Fahrt eine Bindehautentzündung zugezogen, ihre Augen sind seit einiger Zeit sehr empfindlich geworden. Nachher wird sie tropfen müssen, sie darf es nicht vergessen. Früher hat Konrad immer achtgegeben, daß sie die wenigen Medikamente, die ihr hin und wieder verschrieben wurden, auch einnahm, sie selbst dachte meist nicht daran, sie hat die eigenen Krankheiten niemals ernst genommen. Auch ihre Mutter hat sie deswegen oft gescholten, du bist entsetzlich unordentlich und schusselig, sagte sie aller paar Tage, von den Schränken will ich nicht reden, nicht einmal deine Medikamente nimmst du, was soll denn nur noch aus dir werden?

Mutter...

Katharina hat sie liebgehabt. Gerade deswegen hat sie so unter der Veränderung gelitten, die mit der alten Frau in den letzten Lebensjahren vorgegangen ist. Nicht erst in Gutwill! Es fing schon hier zu Hause an. Ganz jäh und unvermittelt wurden Sticheleien laut, handfeste Vorwürfe folgten, du wartest nur darauf, daß ich sterbe, gib es doch zu, ich bin dir eine Last, aber irgendwann werden es dir deine Töchter schon heimzahlen, du bekommst die Quittung, da bin ich sicher! In solchen Augenblicken straffte sich die kleine Gestalt, die kranken Augen blitzten, kurz danach erfolgte der Zusammenbruch Sie saß auf ihrem Bett und weinte und tat sich unendlich leid.

Die Anlässe zu solchen Szenen waren mehr als gering. Eine ungeduldige Antwort auf eine mehrmals gestellte Frage – ein Sichgehenlassen nach einem anstrengenden Arbeitstag – die Entscheidung, nicht jedes Erlebnis gleich der Mutter zu erzählen, sondern manches, mit den Jahren zugegebenermaßen immer mehr, für sich zu behalten – das alles führte zuweilen zu diesen heftigen Ausbrüchen, die jeden von ihnen an den Rand der Verzweiflung führten. Sie vor allem! Bitte verzeih, sagte sie dann, ich habe es nicht böse gemeint!

Mutters Tod hat sie sehr belastet.

Anders als der Tod ihres Mannes.

Konrads Tod hat sie als Schmerz erfahren, als brutalen und sinnlosen Eingriff in ihr Glück, in ihr Leben. Er hat sie niedergeworfen und ihr Dasein in Frage gestellt – aber er hat ihr keine Vorwürfe auferlegt. Nach Mutters Tod hingegen hat sie sich Vorwürfe gemacht. Ich habe in ihren letzten Lebensjahren versagt, klagte sie, ich hätte mich mehr zusammennehmen und ihr noch mehr zu Willen sein müssen, dann wäre es nie zu diesem Auseinanderleben zwischen uns gekommen. Manchmal hat sie mich geradezu gehaßt, und dann wieder hat sie nach mir verlangt, wie ein Kind nach der Mutter verlangt, und gleich darauf hat sie mir Schlimmes an den Kopf geworfen, ich hätte sie geschlagen, das hat sie allen Ernstes behauptet, als ich sie einmal in Gutwill besuchte, Gott würde meine Hand schon verdorren lassen...

... an diese Szene erinnert sie sich genau, zuweilen ruft sie sie in ihrem Gedächtnis ab, wenn die Vorwürfe wieder quälen. Sie hat sie auch Konrad geschildert, und er hat sie getröstet, daran siehst du, daß sie krank ist, sie weiß nicht mehr, was sie sagt, du darfst ihr nichts nachtragen, und du darfst ihre Worte nicht ernst nehmen. Ein kranker Mensch – wenige Wochen später ein toter Mensch – aber diese Szene bleibt für immer eingebrannt in ihr!

Ein Besuchssonntag im Frühjahr, alles ist grün, aber ein kalter Wind trifft voll auf dieses alleinstehende Haus auf der Hochebene. Bei ihrer Ankunft hat sie Schwester Elisabeth in der Eingangshalle getroffen, sie unterhielt sich gerade mit einem alten Mann, der hier unten seine Zigarre rauchte. Wir kriegen es kaum warm, ruft sie ihr zu, sagen Sie Ihrer Mutter, sie soll die Bettjacke anziehen, das Fenster da oben schließt nicht mehr dicht ab, wir müssen es unbedingt bald machen lassen, leider kommen die Handwerker erst im Herbst! Sie nickt, sie wird Mutter die Bettjacke einfach überstreifen, eine weiche, hellblaue Wolljacke, Isolde hat sie der Großmutter zu Weihnachten gestrickt. Die alte Frau war gerührt und glücklich, aber angezogen hat sie die Jacke noch nicht.

Es ist wirklich recht kühl im Zimmer, das auf der Windseite liegt. Die beiden anderen Frauen haben sich warm angezogen, schön, daß Sie kommen, sagt Frau Heinrich, Ihre Mutter hat heute schlechte Laune, wir können ihr nichts recht machen. Wenn wir uns unterhalten, will sie ihre Ruhe haben, und wenn wir still sind, will sie unterhalten werden...

Das ist der Wind, beschwichtigt Frau Drews. Der macht sie ein bißchen nervös, mich auch, ich will es nur gleich gestehen, damit Sie sich nicht über mich wundern.

Frau Drews ist Anfang Siebzig, sie hat zwei Schlaganfälle gehabt, nun ist sie so gut wie gelähmt, nur auf die Toilette kann sie sich noch schleppen, das ist schon alles. Besuch bekommt sie selten, hin und wieder erscheint eine Nichte, bringt ein paar Lekkerbissen und Nachrichten von der Außenwelt. Sie kennen alle die alte Frau nur freundlich und ausgeglichen, diesen Stimmungsgegensätzen, unter denen ihre Mutter zu leiden hat, scheint sie nicht ausgeliefert zu sein.

Heute sieht sie auf den ersten Blick: Die Mutter ist gereizt und voll unerklärlicher Wut. Ihr Gesicht zeigt jenen harten

Zug, vor dem sie sich als Kind immer fürchtete. Auch als erwachsene Frau – gib es nur zu, hat Konrad einmal gesagt, du hast Angst vor ihr, aber das gestehst du dir nicht ein, und nun reagierst du doppelt empfindlich. Das untere Gebiß sitzt nicht mehr, Mutter nimmt es nur noch selten in den Mund, heute hat sie darauf verzichtet, das macht ihr Gesicht noch härter. Kommst du endlich, sagt sie, hast dich wohl nicht entschließen können und bist mit einem späteren Bus gefahren, kannst auch gleich wieder gehen, wenn dir das Sitzen hier zuviel wird, ich halte dich nicht.

Sie verteidigt sich, über eine halbe Stunde hat sie an der Haltestelle gewartet, der Bus hatte heute sehr viel Verspätung. Und dann sucht sie die Bettjacke aus dem Schrank und will sie der Mutter überstreifen, Schwester Elisabeth meint auch, du solltest achtgeben, damit du dich nicht erkältest, sagt sie.

Als sie der Mutter beim Aufrichten behilflich sein will, trifft sie ganz plötzlich ein starrer Blick aus den alten Augen. Rühr mich nicht an, schreit die Frau, rühr mich bloß nicht an, du hast mich schon einmal geschlagen, ein zweites Mal lasse ich mir das nicht gefallen. Oder hau doch zu, hau zu, dann sehen die anderen wenigstens, wie du mich immer behandelt hast!

Die alte Frau liegt steif, wie ein ungezogenes Kind. Sie aber steht erstarrt, vergißt, daß noch zwei andere Frauen im Zimmer liegen, fährt auf – was sagst du da, ruft sie empört, ICH soll dich geschlagen haben?

Ja, schreit die Mutter, geschlagen hast du mich, weil du mich nicht leiden kannst. Und ich ziehe die Jacke nicht an, ist doch egal, ob ich erkältet bin oder nicht, vielleicht kann ich endlich abkratzen, Lungenentzündung, warum nicht?

Nehmen Sie's nicht so schwer, tröstet Frau Drews. Ihre Mutter meint das bestimmt nicht so, sie sagt manchmal komisches Zeug. Es sieht ja ein Blinder, was Sie für ein Mensch sind, so oft kommen Sie her, daran könnten sich meine Kinder ein Beispiel nehmen! Und Frau Heinrich sagt, sie solle Schwester Elisabeth rufen, bei Schwester Elisabeth verhalte sich die Mutter brav und fügsam, sie zöge dann auch bestimmt die Jacke an.

Ein paar Augenblicke steht sie neben dem Bett, möchte die

kleine, hagere Alte bei den Armen packen und durchschütteln, warum tust du so etwas, möchte sie fragen, warum machst du alles kaputt, bin ich in deinen Augen wirklich ein Scheusal? Warum hast du so schlimme Gedanken in deinem alten, wirren Kopf?

Aber sie sagt nichts. Sie geht aus dem Zimmer, sucht Schwester Elisabeth, findet sie eine Etage tiefer, als sie gerade im Büro verschwinden will. Kann ich Sie sprechen? fragt sie. Das klingt so kläglich, daß sich ihr die Schwester sofort zuwendet. Sie kommen mir sehr gelegen, sagt sie, ich wollte mir gerade oben eine Tasse Kaffee leisten. Kommen Sie mit, eine kleine Weile muß Ihre Mutter auf Sie verzichten.

OBEN, das ist das Dachgeschoß, mit kleinen, teils schrägen, trotzdem recht gemütlichen Zimmern, in denen die Schwestern untergebracht sind. Eine Seite des Wäschebodens ist durch eine Trennwand vom übrigen Boden abgeteilt und in eine Küche umgebaut worden, hier befinden sich ein elektrischer Herd, eine Spüle und zwei alte Schränke, in denen alles Notwendige untergebracht ist. Die Schwestern können sich selbst etwas kochen, so sind sie unabhängiger von der großen Gemeinschaftsküche.

Schwester Elisabeth führt sie in ihr Zimmer, es ist nicht größer als die der anderen Schwestern. Sehr geschickt ist hier Wohn- und Schlafraum kombiniert, die wenigen Möbel geben dem Raum einen gewissen Anflug von Weite. Ich kann mir den Luxus von freien Flächen leisten, sagt die Schwester, ein Teil meiner Möbel befindet sich unten im Büro, und wenn ich zu arbeiten habe, halte ich mich auch dort auf. Hier oben versuche ich, Abstand von allem zu gewinnen, was mit dem Heim zu tun hat. Hier oben versuche ich, ICH zu sein. Aber fragen Sie mich bitte nicht, was unter diesem ICH zu verstehen ist, ich könnte Ihnen darauf keine Antwort geben. Ich lebe mit mir reichliche fünfzig Jahre, ich komme einigermaßen mit mir aus, das ist schon alles. Setzen Sie sich, ich brühe uns den Kaffee, ich habe ihn jetzt so nötig wie Sie.

Als sie sich dann gegenübersitzen, beide fast gleichaltrig – die Spuren der Jahre sind auf ihren Gesichtern abzulesen, keine glatten Gesichter mehr, gepflegt schon, aber nicht glatt –, als sie mit kleinen, nervösen Schlucken den Kaffee trinkt und die immer wieder aufsteigenden Tränen mit dem Kaffee hinunterzuschlucken versucht, legt ihr die Schwester die Hand auf den Arm und sagt leise: Sie ist nicht böse – sie ist krank! Arteriosklerose im Gehirn – viele Zellen werden nicht mehr durchblutet, das führt zu einer Veränderung des Charakters. Kein Einzelfall – was glauben Sie, wieviel Bosheit sich hier unter diesem Dach anhäuft! Kranke Bosheit, man muß sich immer wieder sagen, daß diese Männer und Frauen für ihre Worte nicht mehr zur Verantwortung gezogen werden können, sie wissen nicht, was sie reden. Sie hat Sie heute gekränkt, nicht wahr? Ich hätte das mit der Jacke wohl nicht sagen sollen, als ich heute morgen darauf drang, daß sie sich wärmer anziehen sollte, verteilte sie mir auch gleich einen Hieb, ich solle mich in das Büro scheren, dort sei mein Platz, die Schwestern wüßten auch ohne mich, was sie zu tun hätten! Ich habe gleich gelacht – versuchen Sie es auch, damit helfen Sie ihr am besten.

Und wer hilft mir? möchte sie fragen. Wer schützt mich vor diesen ungerechten Anschuldigungen – als ob ich jemals meine Mutter schlagen würde...

Sie fragt es nicht. Sie hört sich eine Weile die Sorgen der Schwester an – zuwenig Personal, zuviel Arbeit, zu viele Menschen, die um Aufnahme bitten, eine zu geringe Kapazität, manche Zimmer sind schon überbelegt, mehr können sie nicht aufnehmen – keine Bürokraft, keine gelernte Köchin. Ich möchte nicht in deiner Haut stecken, denkt sie, dann schon lieber in meiner – immerhin kehre ich nachher zu Konrad zurück. Du aber mußt immer hier sein – das hielte ich auf die Dauer nicht aus...

Nach einer Weile geht sie, etwas ruhiger, zur Mutter zurück. Ihr fällt sofort auf, daß die Mutter die Jacke jetzt anhat. Ich habe ihr dabei geholfen, sagt Frau Drews, es ging ganz einfach, so verkühlt sie sich wenigstens nicht.

Der harte Zug um den Mund hat sich noch nicht gelöst, die Augen sehen die Tochter voller Groll an. Sie packt die frische Wäsche in den Schrank und stopft die schmutzige in die Tasche.

Mutter legt Wert darauf, die Kleidung häufig zu wechseln, und da sie nie viel von Großwäschereien gehalten hat, wäscht Katharina, das macht keine große Mühe. Gebäck und Obst werden in dem Nachttisch verstaut, die kleinen Batterien für das Kofferradio hat sie auch nicht vergessen, sie legte sie ein, nun kann Mutter abends wieder lange Radio hören, mit Kopfhörer, so werden die beiden anderen Frauen nicht gestört. Mutter schläft schlecht, die Nächte nehmen kein Ende, es ist gut, wenn man fremden Stimmen lauschen kann, die Vorträge halten über Dinge, von denen man bisher nie etwas gewußt hat, oder wenn man sich der Musik überläßt, die ferne, vergangene Zeiten heraufbeschwört.

Als alles getan ist, setzt sie sich auf den Stuhl neben Mutters Bett, fragt, was sie für Wünsche habe, womit sie ihr eine Freude machen könne. Indem du gehst, sagt die alte Frau – und da flieht sie doch, sie flieht förmlich aus dem Haus, der Wind treibt sie den flachen Hügel hinunter, niemand steht an der Bushaltestelle, sie kann sich in das kleine Wartehäuschen setzen, die Schultern zusammenziehen und weinen, keiner wird auf sie aufmerksam. Als der Bus eine Stunde später kommt, hat sie sich wieder in der Gewalt, nur Konrad sieht sofort, daß etwas Böses geschehen ist. Er nimmt sie in die Arme, aber er fragt nicht. Er weiß, daß sie das Ausfragen nicht mag, sie erzählt freiwillig, wenn ihr nach Worten zumute ist.

※

Nach diesem Besuch ist sie zwei Wochen lang nicht zur Mutter gefahren. Sie hat ihr geschrieben – bitte warte nicht auf mich, ich habe eine leichte Grippe, ständig erhöhte Temperatur, das muß erst wieder in Ordnung sein, bevor ich zu dir komme, sonst stecke ich dich an. In diesem Jahr will es einfach nicht warm werden, immer dieser kalte Wind, er dringt durch alle Fenster- und Türritzen und läßt uns frieren. Gib acht auf dich, ich bringe dir auch deinen Lieblingskuchen mit, wenn ich wieder gesund bin.

Notlügen, Ausflüchte – es fehlt ihr die Kraft, der alten Frau gegenüberzutreten. Sie klammert sie aus ihrem Leben aus, lebt in diesen zwei Wochen für Konrad, für Asta, für sich selbst, leider ist ihr ein Ausruhen, ein Zurruhekommen nicht gegönnt. Denn gerade in dieser Zeit erklärt ihnen Asta, daß sie einen Antrag auf eine eigene Wohnung gestellt habe, eine Freundin hätte sie auf leerstehende Dachräume aufmerksam gemacht, sie habe diese dem Wohnungsamt genannt und hoffe, spätestens im Mai dort einziehen zu können. Sie sagt das nicht aggressiv, sie will nicht verletzen, das spürt sie trotz des heftigen Schreckens, der sie bei dem Gedanken befällt, sich auch von ihrer jüngsten Tochter trennen zu müssen. Ich möchte nur meine Selbständigkeit, sagt Asta, das müßt ihr verstehen, es hat nichts mit meiner Zuneigung zu euch zu tun, aber ich habe einen anderen Lebensstil als ihr, warum sich aneinander reiben, wenn man durch einen gewissen Abstand wieder in ein harmonisches Verhältnis finden kann. Ich komme oft zu euch, das verspreche ich, ich gehe ja nicht fort, auch wenn ich ein paar Straßen entfernt wohne. Nur muß ich mein Leben leben und nicht das eure. Bitte versteht das.

Sie will nicht verstehen. Womit willst du denn deine Selbständigkeit bezahlen? fragt sie scharf. Du bist nichts, du kannst nichts – werden wir wieder zur Kasse gebeten? Und wie willst du deine Wohnung einrichten, hast du überhaupt Möbel? Spinnerei – hier hast du Platz genug, niemand redet dir in deine Angelegenheiten hinein, sind wir dir so zuwider, daß du vor uns fliehen mußt?

Soviel sie sich erinnern kann, hat Asta damals nicht geantwortet. Sie ist stiller und stiller geworden, aber mit einer seltsamen Zähigkeit hat sie ihre Vorstellung von Selbständigkeit verwirklicht: Mitte Mai ist sie aus der elterlichen Wohnung ausgezogen, kurz darauf hat sie die Arbeit als Aushilfskellnerin angenommen, ich komme schon zurecht, hat sie gesagt, ich brauche eure Hilfe nicht, es wird sich alles finden.

Konrad hat zwischen ihr und Asta über lange Zeit vermitteln müssen. Sie tut beizeiten das, was du deiner Mutter gegenüber versäumt hast, sagt er. Sie schafft sich den Freiraum, nach dem du jammerst. Wie willst du ihr vorwerfen, wonach du dich sehnst? Vielleicht stellt sie es klüger an und bewahrt euer gegenseitiges Verhältnis durch diesen Schritt vor den Belastungen, unter denen dein Verhältnis zu deiner Mutter leidet. Laß sie gehen, du hast doch noch mich, und mich wirst du so bald nicht los!

Sie ist ihn viel zu bald losgeworden!

Da liegt sie nun allein in der Wohnung, die Morgendämmerung färbt die Tapeten fahlgelb, ein eigenartiges Licht, Gewitterlicht, in der Ferne donnert es schon. Niemand atmet neben ihr, sie ist allein. Wenn sie früher beizeiten erwachte, hat sie sich im Bett aufgerichtet und zu Konrad hingesehen, meist schlief er fest. Sie hat dann nach seiner Hand gefaßt, das Gefühl ihrer Zweisamkeit hat sie tief beglückt. Solange er da ist, kann mir nichts Böses geschehen, hat sie gedacht. Nun geschieht ihr Böses, indem ihr nichts geschieht. Leben im Wartestand, worauf wartet sie – außer auf den Tod?

Mutter hat auf den Tod gewartet, teils sehnsüchtig, teils voller Abwehr. Ich möchte sterben, hat sie gesagt, und gleichzeitig hat sie alle Tabletten sorgsam eingenommen, die der Arzt ihr verschrieb, auch Vitaminpräparate, Traubenzucker, Kräftigungsmittel. Sie hat das oft nicht verstanden, diese zwiespältige Haltung hat ihr Mutters Krankheit deutlicher vor Augen geführt als die immer häufiger auftretenden Stimmungsschwankungen. Man braucht sich nicht wissentlich umzubringen, wenn man sterben will, aber man kann dem Tod nachhelfen. Indem man auf lebenserhaltende Medikamente verzichtet – beispielsweise. Mutter hat am Leben gehangen bis zum letzten Tag – wie hätte sie sonst so regen Anteil am Heimleben nehmen können, dieser neue Lebensbereich, in den sie plötzlich gestellt war, machte sie oft auf peinliche Art neugierig.

Erinnerung: Sie betritt das Krankenzimmer, und schon wird sie von der Mutter in die Familiengeschichte der Frau Drews eingeführt – sie ist einmal Lehrerin gewesen, hat fließend französisch gesprochen, nun liegt sie hier wie ich und ärgert sich über die trägen Schwestern, die kommen, wenn sie grade mal Lust haben, und wenn sie keine Lust haben, lassen sie uns eine Stunde auf dem Schieber liegen, eine Schweinerei, sage ich dir, ich möchte mich beschweren – wo kann ich mich hier beschweren?

Diesmal funkeln die Augen voller Streitlust – wer sich beschweren will, denkt nicht an den Tod! Nicht ernsthaft wenigstens! Und das Waschwasser morgens ist kalt, schimpft sie, es zieht uns die Haut zusammen, nennt sich das etwa Altenpflege?

Tage später formuliert sie tatsächlich eine schriftliche Beschwerde. Als sie das nächste Mal kommt, muß sie diese Beschwerde sofort zu Schwester Elisabeth bringen. Das ist ihr peinlich, sie möchte sich davor drücken, aber sie kann sich nicht drücken. Mutter besteht auf ihrem Willen, sie liegt gleichsam auf der Lauer, bereit, in den nächsten Wutanfall zu stürzen, ich will darauf eine Antwort, sagt sie, hast du verstanden?

Also klopft sie am Büro an, zum Glück sitzt Schwester Elisabeth am Schreibtisch und trägt Rechnungsposten in das Kontenbuch ein. Kommen Sie nur und setzen Sie sich, Sie nehmen mir sonst die Ruhe. Was haben Sie auf dem Herzen?

Nichts. Absolut nichts. Bloß meine Mutter. Ich muß Ihnen den Brief geben – und möchte mich gleichzeitig für ihn entschuldigen. Er ist bestimmt nicht höflich gehalten.

Über das schmale, kantige Gesicht der Schwester fliegt eine feine Röte. Sie nimmt den Brief, liest ihn, legt ihn langsam beiseite. Stützt die Ellbogen auf, drückt ihren Kopf in die Hände, starrt vor sich hin. Bietet ihr schließlich eine Zigarette an, und obwohl sie nicht raucht, greift sie diesmal zu. Sie hält sich, wie die Schwester, an einer Zigarette fest. Wartet auf einen Zornausbruch, aber er folgt nicht. Erst nachdem die Schwester die Zigarette ausgedrückt hat, sagt sie, daß sie sehr wohl wisse, wie mangelhaft es in diesem Haus zugehe, sie wisse aber nicht, wie das zu ändern sei. Sie zerbreche sich nachts darüber den Kopf, ein Ergebnis freilich, das Besserung garantiere, sei ihr noch nicht eingefallen.

Und dann blättert sie ihren Tagesablauf hin, nüchtern, nachdenklich, als frage sie sich bei dieser Aufzählung, was sie noch zusätzlich tun könne: vor fünf Uhr aufstehen, sich oben im Zimmer einen Kaffee brühen, einen starken Kaffee, den sie stehend trinkt, sozusagen schon mit einem Bein draußen auf dem Gang. Dann hinunter in die Küche, um die Mehlsuppe zu kochen, die von vielen der alten Leute sehr gern auch vor dem Frühstück

geschlürft wird. Sie hat da ein gutes Rezept, das sie gern weitergibt, wenn Interesse besteht. Vor allem die Kranken auf der Pflegestation sind dankbar, wenn sie gleich nach dem Erwachen etwas Warmes trinken können. Danach hilft sie den Pflegerinnen beim Waschen der Bettlägrigen, teilt auf der Krankenstation die Medikamente aus, gibt Spritzen, führt Krankenblätter, benachrichtigt den Arzt, wenn sein Besuch nötig zu sein scheint. Besprechung danach mit der Köchin, Verwaltungsarbeiten, zuweilen Aushilfe in der Waschküche, da haben sie zwar drei große Waschmaschinen, aber sie haben niemanden, der sie bedient. Später dann Arbeit auf der Krankenstation, Organisieren von Ausflugsfahrten, geselligen Nachmittagen, Gesprächen, Vorträgen, Verhandlung mit der Gesellschaftlichen Speisung, Schlichtung mancherlei Streitigkeiten unter den Pflegerinnen und Schwestern, Sorge um die jungen Schülerinnen, die im Heim zu Krankenpflegerinnen ausgebildet werden. Abends kein Ausruhen, vielmehr Hilfe in der Nähstube, zuweilen lädt sie die Schwesternschülerinnen und die Schwestern in den Gemeinschaftsraum ein, Gemeinschaftspflege, so kann man dies bezeichnen. Ab zweiundzwanzig Uhr ist sie dann endlich oben in ihrem Zimmer, aber zur Ruhe kommt sie noch nicht, alle nicht lösbaren, drängenden Probleme gehen mit ihr hinauf und bevölkern ihre Nächte, zuwenig Personal, zuwenig Personal, immer die gleichen Worte, ein Rad, das sich in ihrem Kopf dreht – die Küche wird von zwei Frauen aus dem benachbarten Dorf betreut, seit die Köchin, die ihnen jahrelang beigestanden hat, invalidisiert werden mußte. Die Frauen sind fleißig und gewissenhaft, aber mit allen schriftlichen Arbeiten wie Lebensmittel- und Fleischbestellungen kommen sie zu ihr, das ist dann ihre letzte Tätigkeit des Tages, danach fällt sie ins Bett, keineswegs in den Schlaf!

Das sagt sie sehr sachlich. Mit dem Kugelschreiber malt sie Kringel und Blüten auf den Notizblock. Sie schaut zu, und dann sieht sie sich im Zimmer um, unauffällig, aber sie nimmt wahr: Auf dem Schreibtisch ein Durcheinander von Briefen, Rundschreiben, Akten, Zetteln, ein aufgeschlagenes Buch, ein mit Zigarettenkippen gefüllter Aschenbecher, zwei leere Kaffeetassen, ausgeblichene Strohblumen in einer kleinen Vase. Sonst peinliche Sauberkeit überall – und ein Beschwerdebrief, dabei dürften an die Schwester nur Dank- und Anerkennungsschreiben verteilt werden! Ein Mensch kann nicht mehr als arbeiten – dieser Mensch hier arbeitet mindestens für zwei – da sollte man ihn mit Beschwerden in Ruhe lassen!

Später kommt die Schwester mit zu ihrer Mutter, zieht sich einen Stuhl ans Bett, nimmt die Hände der alten Frau in ihre eigenen Hände, sieht sie zwingend an und sagt: Sie haben sicher recht, es ist vieles nicht so, wie es sein sollte. Aber wenn zu wenig Hände da sind, bleibt vieles ungetan. Haben Sie Geduld – auch mit uns, die wir für Sie da sind!

Mutter nickt, die Nähe der Schwester scheint ihr lästig zu sein. Schon gut, schon gut, sagt sie, nehmen Sie es nicht schwer, ich habe es nicht so gemeint. Aber als die Schwester gegangen ist, kneift sie wieder die Lippen zusammen, und da sie weiß, was das bedeutet, verabschiedet sie sich, so bald sie kann.

An der Bushaltestelle trifft sie erneut auf die Schwester, die zum Rat der Stadt will, um dort eine zusätzliche Planstelle für einen Gärtner zu beantragen. Bisher hat der Hausmeister die anfallende Gartenarbeit mitgetan, aber das wird ihm zuviel, er ist nicht mehr der Jüngste. Der Park braucht seine Pflege, wenn er nicht verkommen soll. Wieder ein Problem, das gelöst werden muß, irgendwie, nur erläutert niemand das WIE, man muß von selbst dahinterkommen.

Im Bus sitzen sie nebeneinander. Unwillkürlich achtet sie auf die Hände der Schwester, immerzu sind sie in Bewegung, nehmen das Taschentuch aus der Tasche, zerknüllen es, wickeln es um einen Finger, stecken es wieder weg, zupfen am Rock, streichen über die Stirn, knöpfen die Jackenknöpfe auf und wieder zu. Immer in Bewegung, Zeichen einer Nervosität, die nach außen hin fast gekonnt überspielt wird, das beherrschte, ruhige Gesicht schirmt alle innere Unruhe ab, nur die Hände offenbaren sie. Sie schafft das nicht mehr lange, denkt Katharina besorgt, aber wenn sie aufsteckt, geht das nicht nur sie etwas an, sondern auch die vielen Alten da draußen – warum hilft ihr eigentlich niemand?

Eine Art Neugier erwacht in ihr, Neugier auf diesen Menschen, von dem sie nichts weiß außer dem Namen und dem Beruf, den er ausübt. Und ganz impulsiv, ohne mögliche Folgen zu bedenken, lädt sie sie zu sich nach Hause ein. Es wäre schön, wenn Sie einmal kommen würden, sagt sie, Sie tun so viel für meine Mutter, ich möchte Sie einmal bei mir zu Gast haben. Ob sich das machen läßt?

Die Hände kommen zur Ruhe.

Gern, antwortet die Schwester, Sie müssen mir nur eine Zeit nennen, ich kann meinen Besuch bei Ihnen gleich wieder mit einer Fahrt in die Stadt koppeln. Ich komme so selten von Gutwill fort, da muß ich jede Gelegenheit eines Tapetenwechsels ausnützen.

Noch im Bus verabreden sie sich für einen Nachmittag der kommenden Woche. Sie steigen zusammen am Bahnhof aus, die Schwester verabschiedet sich mit einem festen Händedruck, danke, sagt sie, schon läuft sie mit ihren schnellen Schritten über die Straße, ein kleiner energischer Mensch, und allein die Hände zeugen von seiner Erschöpfung.

⁂

Konrad war von dieser spontanen Einladung nicht sehr angetan, das ließ er sich jedoch nicht anmerken. Sie wußte, daß er das Zusammensein mit ihr jeder Begegnung mit anderen Menschen vorzog, in diesem Fall freilich verstand er ihre Haltung. Dieser Beruf muß jeden belasten. Wir haben schon unsere Not mit EINEM alten Menschen, sie muß sich um mehr als fünfzig kümmern, wie hält man das auf die Dauer aus?

Der Nachmittag mit Schwester Elisabeth erwies sich dann als recht harmonisch. Über Gutwill wurde wenig gesprochen, die Unterhaltung blieb an der Oberfläche, wo verleben Sie in diesem Jahr Ihren Urlaub – alles noch unklar, wir haben nichts geplant, wollten eigentlich eine Fahrt ins Blaue machen, Rucksack auf den Rücken und los, aber das in unserem Zeitalter der Organisation kaum möglich, wo findet man abends ein leeres Hotelzimmer? Das Stichwort war gegeben, die Schwester gestand, in ihren jüngeren Jahren leidenschaftlich gern gewandert zu sein, auch Radtouren habe sie unternommen, einmal sei sie von Bad Schandau bis Rostock mit dem Rad gefahren, heute würde sie schon in Dresden aufstecken! Seit sie in Gutwill lebe, erscheine ihr ein Faulenzerurlaub als das Gegebene, lange schlafen, viel ruhen, natürlich etwas Bewegung, aber bitte in Maßen. Asta kam, setzte sich ein paar Minuten zu ihnen, fragte nach der Großmutter, wartete die Antwort nicht ab, war schon wieder draußen. Verärgert über das Benehmen der Tochter, wollte sie sich entschuldigen, die Schwester winkte ab, sie kenne sich mit der Jugend aus, sagte sie, was nicht heißen solle, daß sie alles verstünde.

Nach diesem Nachmittag hatte sie bei jeder noch so flüchtigen Begegnung mit der Schwester das Gefühl, als verbinde sie etwas Gemeinsames. Man sah sich, unterhielt sich eine Weile, trennte sich wieder. Als Konrad starb und sie in plötzlichem Erschrecken spürte, wie ihr Leben sinnlos zu werden begann, leer, grau und unansehnlich wie ein alter Rock, der auf den Müll geworfen wird, weil er zu nichts anderem mehr taugt, fuhr sie eines Tages nach Gutwill hinaus, setzte sich an den Besuchertisch im Büro, legte den Kopf auf die Tischplatte und weinte lange, und Schwester Elisabeth saß neben ihr, sagte nichts, war da, entzog sich nicht mit der Bemerkung, daß sie keine Zeit habe, schob die Arbeit beiseite und verwies sie auf den Platz, der ihr gebührte, dieser Mensch dort war jetzt das Wichtigste. Als sie sich etwas beruhigt hatte, brühte die Schwester einen Kaffee, unter ihrer Aufsicht mußte sie ihn trinken, er war nicht stark, dafür war er süß. Der beruhigt Sie, sagte die Schwester, passen Sie auf, bald geht es Ihnen besser.

Und dann sagte sie etwas, das hat sie bis heute nicht vergessen. Das ist auch in dieser frühen Stunde in ihr lebendig. Draußen regt sich der Morgen, Türen klappen, Autos werden angelassen, fahren mit leisem Motorengeräusch davon, die Motorräder sind lauter, unverschämter, sie wecken die Langschläfer, los-los, wir müssen zur Arbeit, da könnt ihr schließlich nicht genußvoll im Bett bleiben. Lehmanns von nebenan haben das Radio wieder sehr laut gestellt, die Musik ist wie ein Wasserfall, der über sie hinrauscht, sie kann sich vor ihr nicht schützen, will es auch nicht, nimmt sie trotz der Lautstärke kaum wahr.

Ich beneide Sie um Ihren Schmerz, sagte die Schwester damals, wissen Sie, daß Sie sehr viel reicher sind als ich, weil Sie Glück erlebt haben und jetzt Schmerz und Trauer, es gehört doch alles zusammen, und alles gehört Ihnen allein, das kann Ihnen niemand nehmen!

Nichts an der Schwester hatte sich verändert, sogar die nervösen Bewegungen der Hände waren geblieben. Ihr Gesicht war noch eine Spur kantiger geworden, vielleicht auch müder. Sie erschien ihr plötzlich wie ein Mensch, der unermüdlich mit einem Sieb Wasser aus einem Eimer schöpft, aber der Eimer leert sich nicht, die Mühe erweist sich als sinnlos. Aktiv von morgens bis abends – und was kam dabei heraus?

Ich lebe auf Sparflamme, sagte sie schließlich, nicht mehr aus dem vollen wie früher. Das ist mein Problem.

Es ist eines Ihrer Probleme, schwächte die Schwester ab. Sie müssen Ihre neue Situation bejahen, annehmen, nicht ständig dagegen Sturm laufen. Nicht dem Verlust nachtrauern, sondern übersehen, was Ihnen geblieben ist – und daraus das Beste machen. Worte, werden Sie jetzt denken, und die da hat keine Ahnung, alleinstehende alte Jungfer, was weiß sie schon vom Leben! Täuschung, ich habe auch einmal lieben dürfen, das ist lange her, wir waren auch nicht verheiratet. Vor der Hochzeit hatte er einen Motorradunfall. Der Traum war ausgeträumt, ich stand vor einem Scherbenhaufen und rettete mich in die Arbeit. Trauerarbeit, wenn Sie so wollen. Diese Trauerarbeit rate ich Ihnen auch, Sie werden merken, daß sie Ihnen nützt. Sie haben eine gute Ehe geführt, eine sehr gute Ehe, das hat jeder gespürt, der mit Ihnen zu tun hatte. Andere konnten nur davon träumen, das ist der Unterschied.

Und dann hat sie wieder von Gutwill gesprochen, rücksichtslos wie nie zuvor. Ob schon damals der Gedanke in ihr lebendig gewesen ist, sie möglicherweise für Gutwill zu gewinnen? Keine Leute, keine Leute, keine Leute – dieser Seufzer, dieser Schrei war nicht zu überhören! Wir haben das Seitengebäude ausgebaut, erzählt sie, es hat sich manches verändert, seit Ihre Mutter tot ist. Im Seitengebäude sind jetzt zwölf alte Ehepaare untergebracht, die Zimmer, die jedes Ehepaar bewohnt, sind nicht groß, aber außer den Betten und dem Kleiderschrank hat noch eine Sitzecke Platz und eine kleine Kredenz mit Radio und Fernseher. Das Dachgeschoß dieses Seitengebäudes wird im kommenden Frühjahr ausgebaut, wir brauchen Schwesternzimmer, wenn wir nicht noch mindestens vier Schwestern bekommen, können wir den Laden dicht machen. Sie liegen nachts wach, weil Sie keine Aufgaben mehr haben – so ist es doch? –, und ich liege wach, weil die nicht bewältigten Aufgaben mich unter sich begraben. Und die Anträge um Aufnahme auf der Pflegestation häufen sich. Wer hat in der Familie noch Zeit für die Alten? Wer kann sich um die kranke Mutter oder um den kranken Vater kümmern? Berufstätige Frauen fallen als Pflegekräfte aus. Innerhalb der Familie, meine ich. Und so beißt sich die Katze in den Schwanz – und Sie sitzen hier und tun sich selbst leid!

Hat sie das nun gesagt – oder bildet sie es sich nachträglich nur ein?

Sie ist sich nicht sicher, alles fließt ineinander, Vergangenheit und Gegenwart, verwoben zu einem Teppich, über den sie geht, da ist ein Knoten, über den sie stolpert, dort eine dünne, schadhafte Stelle, zu der sie sich herabbeugen muß, vieles hat sie falsch gemacht, sie sieht es erschrocken. Sie hat ihr Herz zu sehr an die Menschen gehängt, die sie liebte, nun hält sie ein paar lose Fäden in der Hand und soll damit ihren Lebensteppich zu Ende weben, was wird das für ein kümmerliches Flickwerk werden!

Trauerarbeit...

Dieses Wort versteht sie nicht sogleich, sie kann es aber nicht in sich ersticken, es verfolgt sie, immer wieder muß sie sich mit diesem Begriff auseinandersetzen, Trauer-Arbeit – das sagt sie langsam vor sich hin, und allmählich begreift sie den geheimnisvollen Zusammenhang dieser beiden Wörter. Sie ist nicht unfähig zu trauern, sie ist auch nicht unfähig zu arbeiten. Indem sie die Trauer annimmt und durchsteht, indem sie sich gleichzeitig in die Arbeit rettet, die Arbeit als Ventil ihrer Trauer benutzt, kann sie lernen, den Tod zu töten. Tod – das ist Lähmung, Stagnation, Resignation, Hinwendung zum Gewesenen, und das Kommende bleibt ausgeklammert. Leben hingegen ist Hinwendung zu Künftigem – und diese Hinwendung vermag, wenn sie ganz intensiv gelebt wird, sogar den Tod zu überwinden. Keineswegs allein durch die Arbeit. Aber auch durch die Arbeit.

Trauerarbeit – dieses Wort bleibt über lange Zeit hin ihr Begleiter. Herausfordernd anfangs, allmählich fast vertraut – aber hat sie dieses Wort jemals ernst genommen? Hat sie sich ihm ausgeliefert mit allen notwendigen Konsequenzen?

⁊⌀

Schon damals hat Schwester Elisabeth sie nach Gutwill eingeladen, daran erinnert sie sich genau. Ob für einen kurzen Besuch oder für eine ständige Tätigkeit, weiß sie freilich nicht mehr. Sie hat den Vorschlag der Schwester im Raum hängenlassen, da hängt er noch. Zu Weihnachten hat sie von der Schwester einen freundlichen Brief erhalten, auch zu Ostern. Zuweilen hat die Schwester sie im Betrieb angerufen, leben Sie noch, geht es Ihnen erträglich? Sie hat Ja-Ja gesagt, vor ihren Kolleginnen spielt sie bewußt die ausgeglichene, ruhige Frau, Klagen kommen nicht über ihre Lippen.

Gutwill – wenn sie die Augen schließt, sieht sie die Eingangshalle vor sich, hier ist es immer dämmrig, die beiden großen Bäume, die schräg vor dem Haus stehen, filtern das Licht und färben es grün. Wenn sie zur Mutter kam, saß meistens Frau Westphal in dem roten Sessel an dem kleinen, runden Tisch in der Halle, hier konnte sie alle Ankommenden mustern, sie selbst erwartete nie Besuch, aber sie freute sich über jeden, der von draußen kam. Draußen, das war die Welt, zu der Gutwill gehörte und von der es doch auf seltsame Weise abgeschnitten war. Frau Westphal konnte schlecht sehen, trotzdem begrüßte sie sie immer gleich mit Namen. Wieder einmal im Lande, sagte sie, Ihre Mutter kann sich freuen! Sie trug stets das gleiche, fleckige Kleid, Katharina war schon versucht, ihr einmal anzubieten, dieses Kleid zu waschen, aber dann wagte sie es nicht, vielleicht war die Frau beleidigt. Ich halte meine Sachen selbst in Ordnung, sagte sie einmal voller Stolz, und das will etwas heißen bei meinen kranken Augen! Inwieweit hatte man als jüngerer, gesunder Mensch das Recht, den Alten ihre Gebrechen überdeutlich ins Bewußtsein zu bringen, indem man sie auf mangelnde Sauberkeit hinwies? Wo war die Grenze zwischen Gewährenlassen und notwendigem Eingreifen?

Immer wenn sie die große Tür öffnete und Frau Westphal im Sessel sitzen sah, mußte sie daran denken, daß sie selbst wahrscheinlich auch einmal so sitzen und warten würde, warten, gleichgültig worauf, warten, weil die Kraft zu anderem nicht reicht. Am Bett der Mutter kamen ihr solche Gedanken nicht in den Sinn – da kam sie überhaupt nicht zum Denken. Mutter nahm sie sofort in Beschlag, tu dies, tu jenes, wie siehst du aus, du mußt mehr schlafen, du kriegst Falten im Gesicht.

Einmal saß die weißgraue Katze auf Mutters Bett, als sie ins Zimmer kam. Sie traute ihren Augen nicht: Da streichelte Mutter das große, schöne Tier, und die Katze kniff genußvoll die Augen zu und schnurrte, und Frau Drews rief: Nun gucken Sie bloß, jetzt lockt sie schon die Viecher in unser Zimmer!

Ablehnung war spürbar, Protest auch. Mutter lachte. Tiere sind klug, sagte sie, die wollen von alten Giftnudeln nichts wissen. Aber zu mir kommen sie.

Weil Sie sie mit Wurstresten anlocken, die Sie ins Fenster legen, glauben Sie denn, das habe ich nicht mitgekriegt?

Frau Heinrich lächelte, sie hielt sich aus diesem Streit heraus, streifte die Katze mit mißtrauischem Blick, wollte sichtlich nichts mit ihr zu tun haben.

Sie kriegt Junge, nicht wahr? fragte Mutter. Sie hat einen dikken Bauch. Hat sich wieder rumgetrieben, was machen die hier eigentlich mit den kleinen Katzen?

Katharina konnte diese Frage nicht beantworten. Sie setzte die Katze nochmals auf Mutters Bett, das Tier schnurrte und stieß mit einer schnellen Bewegung den Kopf an Mutters Gesicht, eine zärtliche Geste. Dann sprang es zum Fenster, zwängte sich durch den schmalen, offenen Spalt und glitt am Efeugeäst hinunter in den Garten.

An diesem Tag blieb Mutter heiter und lebhaft. Sie fragte nach Asta, wie geht es ihr, hat sie schon einen Freund, wann besucht sie mich hier in meinem Gefängnis? Asta war immer Mutters Liebling gewesen. Daß sie nicht häufiger nach Gutwill kam, war für die alte Frau letztlich nicht begreifbar. Vielleicht fürchtete sie sich vor diesem Haus.

֎

An diesem Morgen sticht dieses Wort wie eine scharfe Nadel in ihr Bewußtsein.

STERBEHAUS.

Damals war sie entsetzt, als sie es von Asta hörte, was redest du für Zeug, fuhr sie die Tochter an, sterben müssen wir alle einmal, und der Tod kann uns überall erreichen, nicht nur draußen in Gutwill! Hast du Angst vor diesem Lebensausklang? Zugegeben, er ist nicht immer schön, auch bei Großmutter nicht, aber er gehört nun einmal dazu. Angst, Asta?
Ich habe selbst Angst, denkt sie jetzt. Angst vor dem Nachlassen der Kräfte, vor der Hilflosigkeit, der Verlassenheit, der Abhängigkeit. Ein Kind ist abhängig von seinen Eltern, ein alter Mensch ist abhängig von seinen Kindern oder von Schwestern und Pflegerinnen, auch von Nachbarn, er kann nicht mehr allein zurechtkommen, andere müssen ihm beistehen, sie tun es in den meisten Fällen mürrisch und gereizt, ich bin nicht besser gewesen!
Sterbehaus.
Es müßten noch mehr Tiere draußen sein, denkt sie. Die brauchen Zuneigung und schenken Zuneigung, geben Wärme, auch körperliche. Ich habe es gern gehabt, wenn Timm sich abends auf dem Fußende meines Bettes zusammenrollte, meistens legte er seine Schnauze auf mein Bein, so spürte er mich, und ich spürte ihn. Du paßt sogar im Schlaf auf, daß du ihn nicht störst, hat Konrad einmal gesagt, du drehst dich ganz langsam um, und er nimmt, ebenfalls schlafend, diese Bewegung auf, rollt sich auf die andere Seite und schläft weiter. Nach Konrads Tod hat sie sich Abend für Abend vor dem Zubettgehen gefürchtet, sie hat es so lange vor sich hergeschoben, wie sie die Augen offenhalten konnte, dann hat sie Timm gerufen, er ist auf ihr Bett

gesprungen, sie hat ihn gestreichelt, manchmal hat sie die Finger in sein schwarzes Fell gekrallt, selbst das hat er stumm ertragen. Im Laufe der Nacht rutschte er immer höher, manchmal hat sie ihn beim Erwachen im Arm gehalten. Frau und Hund – auch das ist vorbei. In Gutwill müßten mehr Tiere sein. Aber solche Tierhaltung würde gegen die Hygienebestimmungen verstoßen, und wer soll sich um die Tiere kümmern, wenn nicht einmal genug Pflegepersonal da ist für die Menschen?

Und sie denkt: Mutter ist sehr allein gewesen, trotz unserer Gegenwart. Nicht nur in Gutwill war sie allein, sondern schon hier. Vielleicht hat sie das auf jene seltsame Art hart gemacht. Dabei bin ich sicher, daß sie mich sehr liebte. Einmal bin ich gekommen, und da streichelte sie mein Gesicht und meine Hände und bedankte sich. Ohne besonderen Anlaß. Ich weiß schon, was ich an dir habe, hat sie gesagt. Ich bin sehr glücklich gewesen und sehr erleichtert. Ich habe lange Mutters Gesicht angesehen, plötzlich ist mir gewesen, als blättere ich in einem Buch, in dem Fröhliches geschrieben steht und Bitteres, Heiteres und Trauriges, da trifft man auf sehr viel Liebe, aber auch auf Egoismus und Härte. Ein Menschenleben – und es ist letztlich in Frieden zu Ende gegangen, sehr still und gelöst und ohne Groll. Eine Kerze verzehrt sich, indem sie leuchtet, und dann erlischt der Docht, und es ist, als habe es die Kerze nicht gegeben. Aber die Erinnerung an ihren warmen Glanz bleibt noch lange lebendig...

Rückbesinnend kann sie manche Reaktionen der Mutter verstehen. Das heißt natürlich nicht, daß sie alles billigt. Aber wenn sie noch einmal mit Mutter sprechen könnte, würde sie sagen: Ich bin dankbar, daß uns so viele gemeinsame Jahre geschenkt worden sind. Es tut mir leid, wenn ich nicht immer genügend Geduld für dich aufgebracht habe, aber ich weiß, daß bei uns beiden das Gefühl gegenseitiger Zuneigung jeden Ärger ausgelöscht hat. Und sie würde sagen: Stell dir vor, du fehlst mir! Ich gäbe vieles darum, wenn ich dich noch einmal in der Küche hantieren hörte...

Kurz vor Mutters Unfall ist sie einmal in die Küche gekommen, da hat Mutter mit geschlossenen Augen am Tisch gesessen, die Hände gefaltet, den Kopf in den Nacken gelegt. Auf dem Tisch stand eine Vase mit verblühten Blumen, wahrscheinlich hatte Mutter die Blumen in den Mülleimer werfen, sich aber zuvor ausruhen wollen. Verblühte Blumen – Sinnbild des vergehenden Lebens –?

Sie wollte schon zur Mutter gehen und sie leicht an der Schulter berühren – wach auf, ist dir nicht gut? – aber sie verhielt, weil sie das Empfinden nicht los wurde, Mutter jetzt nicht stören zu dürfen. Die alte Frau schien sich auf geheimnisvolle Weise von ihnen entfernt zu haben. Hatte sie das Recht, sie in die Gegenwart dieses Tages und dieses Raumes zurückzurufen? Eine große Traurigkeit nahm von ihr Besitz, sie erlebte in diesem Augenblick den Schmerz um die endgültige Trennung von der Mutter schon im voraus, bleib noch eine Weile bei mir, dachte sie, du bist ein Teil meines Lebens, auch wenn ich das häufig vergesse: Geh noch nicht, die Lücke, die du hinterläßt, wird sich nicht schließen ...

Ein Düsenjäger donnerte über das Haus, das Geschirr im Küchenschrank klirrte. Mutter schreckte auf, strich sich über die Augen, was stehst du hier, fragte sie, ist was los?

Nein, antwortete Katharina, es ist nichts.

Sie ging aus der Küche, ohne die Tür hinter sich zu schließen. Die Traurigkeit, die sie erfaßt hatte, wollte lange nicht weichen. Tagelang war sie um vieles geduldiger zur Mutter als sonst, erst allmählich glitt sie in das gewohnte Schwanken zwischen Duldsamkeit und Unduldsamkeit zurück.

Gegen acht Uhr steht sie auf. Draußen ist es wärmer als an den Tagen zuvor. Eine Dunstwolke liegt über der Stadt, wahrscheinlich wird es einen verregneten Tag geben. Sie wird noch schnell in den nahen Konsum gehen und etwas zu essen kaufen, sie verwöhnt Paul gern. Er läßt es sich gefallen, nimmt ihre Fürsorge viel selbstverständlicher als Asta. Bei Asta muß sie auf der Hut sein, keine Frage zuviel, keine Geste zuviel, sonst erfolgt prompt ein Aufbäumen: Es ist MEIN Leben, begreif doch endlich! Paul sagt so etwas nicht. Er scheint andere Sorgen zu haben, leider spricht auch er sie nicht aus. Manchmal sitzt er stumm bei ihr ein paar Stunden, nimmt sich ein Buch, liest oder legt sich auf die Couch und schläft. Kommt gereizt – und geht meist gut gelaunt. Warum, weshalb – sie weiß es nicht. Mal freut er sich auf seinen künftigen Beruf – Lehrer, kannst du dir etwas Schöneres, Wichtigeres vorstellen? –, mal verabscheut er ihn – kannst du mir sagen, wie ich mit einer Klasse von dreißig Fohlen umgehen soll, die alle in die Freiheit wollen, aber ich muß sie bändigen, damit sie fürs Leben taugen?

Wenn er so redet, hat sie stets das Gefühl, als wolle er selbst davonrennen, irgendwohin – an einen Bergsee, ans Meer, vielleicht nur auf eine Wiese, über die Schmetterlinge taumeln.

Damals, vor vielen Jahren, als Vera im Krankenhaus lag und Paul etliche Wochen bei ihnen lebte, ist sie zuweilen über die Heftigkeit seiner Gefühle erschrocken gewesen. Rief sie die Kinder vom Spiel zum Essen, konnte es geschehen, daß Paul vor Zorn rot anlief und mit den Fäusten um sich schlug. Asta stand dann staunend neben ihm, das brachte ihn stets schnell wieder zur Besinnung. Wenn Isolde ihn ärgerte, warf er sich mit dem vollen Gewicht seines kleinen Körpers auf sie und schlug und trat und biß um sich wie ein wilder Hund. Aber dann glitt Asta auf dem rauhen Asphaltboden aus, das Knie blutete, Asta weinte laut – und Paul hockte sich neben sie und weinte mit, legte den Arm um sie, schmatzte sie ab, konnte sich nicht lassen vor Anteilnahme. Wenn sich die Mädchen abends nach dem Abendessen im Bad wuschen, kam er häufig zu ihr, stand ihr im Wege, wich nicht, wollte mit ihr schmusen – bitte, Tante Katharina, darf ich auf deinen Schoß? Seine braunen Augen waren voller Verlangen auf sie gerichtet, sie mußte die Arbeit beiseite legen und sich setzen, schon drückte er die Nase an ihren Hals, machte sich schwer, kroch förmlich in sich zusammen, sie hielt ihn mit beiden Händen umfangen. Sitzt du bei deiner Mutti auch jeden Abend so herum? fragte sie einmal. Sogleich machte er sich steif, rutschte von ihrem Schoß, sein Gesicht verschloß sich zusehends, wütend ging er hinaus, es dauerte Tage, ehe er wieder nach Zärtlichkeit verlangte.

Also gut, dieser Tag wird Paul gehören! So hat der Tag seinen Sinn. Eine Tante erwartet ihren Neffen: Komisch, daß ihr das Kind der Schwester ebensoviel bedeutet wie die eigenen Töchter. Vielleicht, weil sie von Paul nichts erwartet und über jede Freundlichkeit erstaunt und beglückt ist. Bei Asta und Isolde stellt sie Ansprüche, hier wird sie auch die Vorstellung des Einandernaheseins nicht los und ist gekränkt, wenn Trennendes zwischen ihnen offenbar wird. Aber sie liebt sie, und das allein ist wichtig. Sollte Asta heute kommen, wird der Tag schön werden. Asta und Paul – das klassische Liebespaar, wenn sie nicht miteinander verwandt wären! Das hat Konrad einmal nach einem Ausflug gesagt, den sie gemeinsam mit ihrer Schwester und deren Familie unternommen hatten. Sie trafen sich auf halbem Weg, ihre Züge kamen in Flörching fast zur gleichen Zeit an. Herbsttag, Vera wollte etwas Landschaft skizzieren, sie trug ihren Skizzenblock und Malstifte in der Schultertasche mit sich herum. An einem Tonloch rasteten sie, Isolde hatte sich ein Buch mitgebracht und las, Asta und Paul spielten am Wasser, später lagen sie nebeneinander im halbvertrockneten Gras und redeten leise miteinander. Wenn einer der Erwachsenen zu ihnen trat, verstummten sie sofort.

Geheimnisse – immer haben die beiden Geheimnisse gehabt! Das ist noch heute so. Wenn Paul hier in ihrer Wohnung sitzt und Asta stürmt herein, ist Katharina nicht mehr gegenwärtig. Sie empfindet dieses Beiseitegeschobenwerden wie einen körperlichen Schmerz, sitzt am Tisch und trinkt ihren Kaffee, und Paul und Asta unterhalten sich in einer Sprache, die ihr fremd ist. Nicht etwa, daß sie die Worte nicht verstünde, so ist es nicht. Nur wird sie nicht einbezogen in das Gespräch, man beachtet sie nicht, sie ist plötzlich unwichtig. Schon mehrmals ist sie dann aufgestanden und in die Küche gegangen, erst viel später erschien Paul bei ihr und entschuldigte sich, und Asta sagte: Du benimmst dich wieder wie ein kleines, albernes Gör!

Als sie sich jetzt die Haare kämmt und dabei ihr Gesicht im Spiegel mustert, verzieht sie den Mund zu einem Grinsen – Gör, eigentlich ein Kompliment bei ihrem Aussehen! Graue Haare, müde Augen. Und die Lippen sind schmal geworden, seltsam, das ist ihr bisher noch nicht aufgefallen. Früher hatte sie volle, sinnliche Lippen – Kußmund, sagte Konrad, wenn ich dich sehe, möchte ich dich küssen! Das sagt keiner mehr, und es küßt sie auch keiner mehr, ist es da ein Wunder, daß die Lippen verkümmern? Altfrauenmund, nur die Zähne sind noch gut, das ist aber auch alles.

Zum Frühstück trinkt sie wieder nur Kaffee. Sie ißt wirklich wenig, trotzdem bleibt sie füllig. Früher hat sie zuweilen Hungerkuren eingelegt, in dieser Zeit mußte ihr die Familie möglichst aus dem Wege gehen. Gereizt, nervös begann sie den Tag, und sie beendete ihn in völliger Erschöpfung. Einmal hatte sie nach zwei Wochen zehn Pfund heruntergehungert, Eierdiät nannte sich das, sie konnte danach monatelang kein Ei mehr sehen. Als sie nach zwei Wochen wieder normal zu essen begann – normal, keineswegs reichlich –, hatte sie in einem knappen Monat die zuvor abgehungerten Pfunde wieder zugenommen. Du bist und bleibst nun einmal eine Hera, neckte sie Konrad, mir ist es recht, nun quäle dich nicht, gut durchwachsen ist besser als nervenkrank – wenn du meine Meinung zu deinem Unternehmen wissen willst.

Auf dem Weg zum Konsum kommt sie an einer Telefonzelle vorbei. Von hier aus hat sie stets alle notwendigen Gespräche geführt, ihr Privattelefon sozusagen. Von hier ruft sie zuweilen Isolde an, wenn es vom Betrieb aus nicht klappt. Kurz entschlossen betritt sie jetzt die Zelle und wählt die Nummer von Gutwill. Schwester Elisabeth, sagt sie, ich möchte Schwester Elisabeth sprechen. Gleich darauf hört sie die fragende Stimme der Schwester, ja bitte, sagt sie, was wünschen Sie?

Kann ich morgen zu Ihnen kommen? Ich habe noch zwei Tage Urlaub und könnte in dieser Zeit die Küche übernehmen. Sie hatten mir das vor Monaten angeboten – erinnern Sie sich! Und ich bedanke mich für Ihren Brief – aber ich muß erst sehen und überlegen und prüfen ...

Schweigen. Ein Seufzer endlich – kommen Sie so schnell wie möglich, Katharina! Dann kann ich unseren beiden Küchenfrauen am Montag den längst fälligen Haushaltstag bewilligen, und ich bin zumindest erst einmal diese Sorge los.

Also bis morgen. Ich komme mit dem frühen Bus.

Als sie den Hörer auflegt, denkt sie: Köchin für zwei Tage!

Plötzlich lockt sie das. Wenn Paul nachmittags gegangen sein wird, muß sie Kochbücher studieren. Sie möchte den Alten etwas Besonderes vorsetzen, nicht dieses sich immer wiederholende Essen: Braten mit Kartoffeln und Gemüse, Eintopf, Suppe, Braten mit Gemüse, Eintopf, Suppe. Die mit ihren Mehlsoßen hier, schimpfte Mutter, die schwemmen auf, aber satt machen sie nicht. Und alles schmeckt gleich, ob das nun Senfsoße heißt oder Meerrettichsoße, weder von Senf noch von Meerrettich findest du eine Spur, Mehl und Maggi – wenn du mich fragst. Und ich verstehe immerhin etwas vom Kochen!

Das ist wahr: Mutter ist eine ausgezeichnete Köchin gewesen! Unübertroffen ihre Sauerbratensoße, die schaffte sie bis zum Schluß in bester Qualität. Mit Honigkuchen und saurer Sahne – ob sie in Gutwill einen Sauerbraten zubereitet? Sie bringt die Soße ebensogut zustande wie die Mutter, hat häufig genug zugesehen. Wenn genügend Rindfleisch da ist – der Essenplan wird sicher schon fertig sein, sie hat sich dem Plan zu fügen, aber wie das Essen dann schmeckt, ist ausschließlich ihre Sache!

Paul kommt mittags, er begrüßt sie wortkarg. Sie läßt ihn allein, hat noch in der Küche zu tun, bringt nur den Kaffee und ein Stück Kuchen. Da hat er sich schon eine Zigarette angezündet und es sich in einem Sessel bequem gemacht, fast liegt er im Sessel, die Beine sind weit ausgestreckt.

Ich war bei deiner Mutter, sagt sie. Ich soll dich von ihr grüßen, sie wartet auf dich.

So?

Ich glaube schon.

Er verzieht ein wenig den Mund. Habe eine Prüfungswoche hinter mir, liebe Tante – hänge ziemlich durch. Bitte deshalb von vornherein um Verständnis für schlechtes Benehmen.

Wie sind die Prüfungen gelaufen?

Ganz gut.

Also sehr gut. Wie immer bei dir.

Er zuckt die Schultern, verschränkt die Arme hinter dem Kopf und schließt die Augen. Fragt, wie es daheim gehe, was Vater für einen Eindruck gemacht habe?

Sie setzt sich zu ihm. Einen müden Eindruck, antwortet sie. Nicht unglücklich – aber müde. Während deine Mutter voller Lebenskraft ist und voller Ideen.

Hast du mit ihr reden können? Oder hat sie dich nicht zu Wort kommen lassen – immer auf dem Sprung, schnell-schnell, die Farbe könnte eintrocknen?

Sie hat aufmerksam zugehört. Ich hoffe, du tust es nachher auch. Ich möchte auch dir eine Frage stellen.

Das klingt beinahe dramatisch.

Er hustet anfallartig, es dauert eine Weile, ehe er wieder ruhiger atmen kann.

Wo hast du dir das geholt? fragte sie. An der Ostsee?

Er nickt und verlangt nach einem zweiten Kaffee. Sie steht einen Augenblick vor ihm, dann läßt sie ihn erneut allein. Der verkriecht sich heute wieder einmal, denkt sie, ich erreiche ihn nicht, vielleicht später, er muß erst zu sich kommen.

ZU SICH KOMMEN – das hat Konrad oft gesagt, wenn er abgespannt von der Arbeit heimkehrte. In dieser Hektik habe ich mich heute irgendwo verloren, sagte er, nun muß ich mich wieder einfangen. ZU SICH KOMMEN – was ist das anderes, als sich mitsamt den eigenen Problemen und Schwierigkeiten und ungelösten Fragen ernst zu nehmen, die Diskrepanz zwischen Wunschtraum und Wirklichkeit nicht zu vertuschen, sondern sich bewußt zu machen, und dann nach einem Weg zu suchen, um möglichst viel vom Wunschtraum in eben diese Wirklichkeit zu ziehen!

Die Steaks sind bald gebraten, sie macht etwas Meerrettichbutter zurecht, holt aus dem Keller eine Flasche Wein, es wäre gelacht, wenn sie dem Jungen nicht helfen könnte. Er ißt mit gutem Appetit, trinkt hastig zwei Gläser Wein, sieht sie an, sieht sie endlich an und sagt: Jetzt wird mir besser!

Sie hofft sehr auf die Möglichkeit eines Gespräches, auch ihn will sie fragen, ob sie nach Gutwill gehen soll oder nicht, nach Gutwill, das heißt für ihn nur: etwas Neues beginnen. Gutwill selbst, dieses Altersheim, ist ihm unbekannt, er hat seine Großmutter dort nie besucht.

Sie erinnert sich noch genau eines Geburtstages ihrer Mutter.

Kaufmanns kamen nachmittags zum Gratulieren. Paul und Asta waren etwa 10 Jahre alt, sie saßen zusammen an dem ausgezogenen Eßzimmertisch und kicherten. Die Großmutter ermahnte sie, benehmt euch anständig, sagte sie, Paul ist hier nicht zu Hause. Zu Hause benehme ich mich auch anständig, fuhr Paul auf. Vera sagte, er solle den Mund halten, aber er war nicht still, ich habe ja nur mit Asta gelacht, rief er, warum dürfen wir nicht lachen? Zu Hause muß ich still sein, weil du malst – und hier darf ich nicht einmal lachen!

Vera wollte ihn schlagen, er saß starr aufgerichtet und sah sie wütend an, aber Asta zog ihn schnell zu sich und rief: Man darf nicht hauen, Tante Vera! Im allgemeinen Durcheinander verschwanden die beiden Kinder. Katharina fand sie später im Schlafzimmer auf ihrem Bett sitzend und miteinander flüsternd. Asta sagte, sie solle wieder gehen und keinem verraten, wo sie seien. Ihr taten die Kinder leid, du mußt das nicht so hochspielen, sagte sie zu Paul, Großmutter wollte dich nicht kränken! Aber meine Mutter, antwortete er. Asta nickte, das sah sehr altklug aus. Katharina ging schnell aus dem Zimmer und wollte eigentlich mit Vera sprechen, aber Vera wich jedem Gespräch mit ihr aus, drängte schon bald zum Aufbruch, ich muß noch arbeiten, sagte sie, ich habe keinen ruhigen Tag wie ihr! Paul kam zusammen mit Asta aus dem Schlafzimmer, er verabschiedete sich von keinem, sein kleines Gesicht war noch immer voller Wut.

Von da an wollte er mit der Großmutter nichts mehr zu tun haben. Wir sind uns gegenseitig nicht sympathisch, erklärte er einmal, Verwandtschaft verpflichtet nicht zur Sympathie. Diese alte Frau hat immer die Familie beherrschen, im kleinen, engen Kreis der Familie den Ton angeben wollen. Nicht mit mir, ich habe meinen eigenen Kopf! Nur gut, daß Mutter sie nicht zu uns genommen hat. Mutter wäre verrückt geworden, Vater hätte sich von ihr scheiden lassen – und ich wäre abgehauen. Ehrlich. So kommen wir miteinander aus oder lassen uns in Ruhe, das erleichtert vieles.

Es klang zynisch, und sie nahm es ihm nicht ab. Sie nahm es ihm vor allem nicht ab seit jenem Tag, als er – Student der Pädagogik im 1. Semester – vor ihrer Tür stand und fragte, ob er von nun an zuweilen kommen dürfte, auf die Dauer hielte er das Internatsleben nicht aus.

Damals wohnte Asta noch bei ihnen. Sie war nicht daheim, auch Konrad war noch nicht nach Haus gekommen. Herein mit dir, sagte sie, ich freue mich, daß du uns nicht vergessen hast. Erzähle – Lehrer wirst du, ich staune, daß du dir das zutraust!

Was heißt zutrauen? Wollte Medizin studieren, bin abgelehnt worden, zu viele Bewerber. Und nun also Lehrer für Physik und Mathematik – die muß es auch geben. Also...

Sehr überzeugt klingt das nicht.

Er lächelte. Sie wollte wissen, wie es seiner Mutter ginge.

Sie malt, antwortete er.

Und der Vater?

Er malt nicht.

Als Asta kam, nahm sie ihn für sich in Besitz, die alte Vertrautheit war sofort zwischen ihnen spürbar, komm mit in mein Zimmer, rief sie, ich finde es echt toll, daß wir nun oft zusammen sein können!

Kinderfreundschaft – die Kindheit ist vergangen, die Freundschaft ist geblieben. Sie ist froh, daß Asta einen solchen Freund hat, der sehr verläßlich ist, wenn er gebraucht wird. Der wenig von großen Worten hält und sich mehr auf das Tun konzentriert. Sicher wird er seine Probleme vor Asta ausschütten und ihren Rat und ihre Hilfe erwarten, nur auf dieser Basis bleibt ihre Freundschaft vor der Gefahr der Ermüdung bewahrt.

Einmal hat sie zugehört, wie er erregt seine Zukunftsangst vor Asta ausbreitete – verstehst du, worauf die Menschheit zusteuert, Fortschritt in allen Ehren, aber wie soll das weitergehen? Die Spirale dreht sich – wo endet sie? Statt Mathematik müßte ich mehr Wirklichkeitssinn mit den Kindern üben, Verantwortung für eben dieses Leben lehren – aber um dies zu können, muß ich es erst einmal in mir entwickeln, und wie soll ich das schaffen mit dieser Angst im Nacken? Oder ist diese Angst notwendig, damit man aufwacht aus dem behäbigen Gefühl der Zufriedenheit: Wir haben die Dinge schon allesamt im Griff?

Sie erschrak über seine Heftigkeit, mit der er auf Asta einredete. Das müßte Vera wissen, dachte sie, der macht es sich nicht einfach, der denkt über den Tag hinaus, der ist um vieles reifer, als wir alle annehmen ...

Dann hörte sie Astas Antwort: Wir leben HEUTE, mein Lieber – und das ist Grund zur Freude und Dankbarkeit. Wir sitzen im warmen Zimmer, wir haben zu essen und zu trinken, wir sind gesund – Sicherheit für das ganze Leben ist eine Utopie, unerreichbar, wir müssen mit allen Wenn und Aber leben, etwas anderes bleibt uns nicht übrig. Mut ist nötig, den wirst du aufbringen. Und natürlich Überlegungen, wie alles besser zu machen ist und wie man alles meistern kann. Überlegungen ja – Angst: nein! Mit Angst macht man nichts besser, nur schlimmer. Wir aber wollen doch vieles besser machen!

Katharina sah, wie ihm Asta mit der ausgestreckten Hand über das Gesicht streichelte, er hielt die Hand fest, nickte. Ja, sagte er, gib mir einen Stoß, dann läuft der Laden wieder! Er lachte, Asta lachte – und sie ging in die Küche, voller Sorge und gleichzeitig hoffend, daß die Sorge unnötig sein würde: Kamen die beiden mit dem Leben zurecht, gerade weil sie es sich nicht leicht machten?

Als sie nun aber ihr eigenes Problem – Gutwill – vor ihm gleichsam auf den Tisch stellt: soll ich gehen, soll ich es lassen? – und um seinen Rat bittet, hebt er abwehrend beide Hände.

Verschone mich damit – was soll ich sagen? Ich kenne Gutwill nicht. Das Wort ALTERSHEIM erzeugt bei mir eine Gänsehaut. Lauter alte Leute vom Schlag meiner Großmutter – entsetzlich. Daß du eine Veränderung deines Lebens erwägst, finde ich allerdings gut. Nicht jammern und klagen – sondern tun. Sozusagen unsere Devise. Mit UNS meine ich Asta und mich und natürlich noch viele andere, die so denken wie wir. Du weißt, ich bin oft voller Weltschmerz und tue mir selbst leid. Asta versetzt mir dann den bekannten Tritt ihrerseits. TU WAS, mein Lieber, sagt sie – und ich weiß, was sie meint, und fange mich. Du bist noch nicht alt, Mitte Fünfzig – also wag es, für mich sieht es dann freilich schlecht aus, ich habe mich bei dir immer wohl gefühlt.

Meine Wohnung würde ich behalten. Ich hätte auch zuweilen

einige Tage frei, dann könnte ich hier sein – und es gäbe auch Zeit und Raum für dich.

Wenn du die Alten erträgst – greif zu. Oder fürchtest du dich?

Er bietet ihr eine Zigarette an, sie raucht hastig, betrachtet ihn, sieht durch ihn hindurch: Konrad hat auch immer in jenem Sessel gesessen, ein klotziges, aber bequemes Möbelstück, aller zwei bis drei Jahre wurde es vom Polsterer frisch bezogen, nochmals bringt sie das schwere Ding nicht fort. Konrad hat sie auch oft gefragt, wovor und ob sie sich fürchte – du beziehst immer alle Möglichkeiten in deine Gedanken ein, sagte er, und dann suchst du dir die mieseste aus und zitterst vor ihr – dabei ist es überhaupt nicht sicher, ob sie jemals eintreffen wird. Das Schlimmste – seinen Tod – hat sie aber nie bedacht ...

ℵ

Plötzlich belastet sie diese stockende Unterhaltung!

Es wäre gut, wenn Paul jetzt ginge und sie allein ließe! Aber dann sagt sie: Ich habe einige Bilder deiner Mutter gesehen. Gestern. Ich habe sie diesmal eigentlich zum ersten Mal richtig gesehen, mit Bewußtsein und sehr aufmerksam. Dabei ist mir gewesen, als lernte ich meine Schwester erstmalig kennen. Du fehlst ihr – das habe ich gespürt. Fahr hin, sie wird sich die Freude über dein Kommen vielleicht nicht anmerken lassen, aber sie wird sich freuen.

Er trinkt den Kaffee aus, lacht, das ist ein fröhliches Lachen. Ich werde sie in den Semesterferien schon heimsuchen, sagt er. Da kannst du sicher sein, ich weiß schließlich, was ich, trotz allem, an ihr habe. Und du: Tu's nur – Gutwill, meine ich. Hast du mit Asta darüber gesprochen?

Ja.

Was sagte sie?

Sie hält mich wahrscheinlich für verrückt.

Warum? Ich finde es richtig, wenn die Alten selbst noch etwas auf die Beine stellen und sich nicht abhängig machen von ihren Kindern.

Deine Mutter wird nie abhängig sein von dir.

Das ist es! Und das ist schon gut. Im Grunde ist es sehr gut.

Dank für Essen und Wäsche. Ich gehe jetzt zu Asta, wir wollen etwas zusammen unternehmen.

Ist ihr Peter auch dabei?

Aber ja.

Nun wirkt er ausgeglichener, gelöster als bei seinem Kommen. Diese Stimmungsschwankungen kennt sie an ihm, sie machen den Umgang mit ihm nicht leichter. Man stellt sich auf Gereiztheit ein – und erntet eine halbe Stunde später Gelächter! Der Sohn ihrer Schwester – er wird Vera sehr ähnlich, denkt sie, aber noch weiß er das nicht.

Er packt die saubere Wäsche in die Tasche, nachdem er die schmutzige in die Badewanne gelegt hat, und verabschiedet sich. Sie ist erleichtert, als er geht. Diese jungen Leute haben etwas sehr Anstrengendes an sich. Man gluckt um sie herum, vollführt Kunststücke, damit ihnen ein Lächeln entlockt wird, aber sie drehen sich auf dem Absatz herum und lassen ihre Überlegenheit spüren.

～

Draußen hat sich ein leichter Wind aufgemacht, die Sonne wagt sich hervor, die Gewitterwolken haben sich verteilt. Dabei hätte etwas Regen gutgetan. Es ist alles trocken und staubig, die Straßen scheinen wie mit feinem, hellbraunem Puder bestreut zu sein, auch auf den Möbeln ist dieser Puder zu finden, es staubt durch die Fensterritzen hindurch. Sie müßte saubermachen, dazu hat sie keine Lust. Sie wird sich ihr Rad aufpumpen und losfahren, Sonntagsvergnügen früherer Jahre, sie fuhr immer als erste, Konrad folgte, gib du das Tempo an, sagte er. Im Frühjahr hat sie einmal sonntags eine Radtour unternommen, dazu hat sie sich den Kirchenweg ausgewählt – Konrad hat diese Strecke so benannt, sie führt über vier Dörfer, in jedem dieser Dörfer steht eine alte Feldsteinkirche, einmal haben sie sich in jedem Dorf vom Pfarrer den Kirchenschlüssel geholt und die Kirchen besichtigt, dabei haben sie sehr Unterschiedliches entdeckt! Eine der Kirchen war erst kürzlich renoviert worden, sie sah sauber und gepflegt aus; in der zweiten lag Bauschutt herum – wir haben vor Jahren die Risse in den Wänden verputzt, sagte der Pfarrer, aber wir brauchen diese

Kirche nicht mehr, für die wenigen Gemeindeglieder reicht der kleine Saal im Pfarrhaus vollkommen aus, der ganze Dreck ist liegengeblieben, wir müßten ihn wirklich einmal wegräumen –; die dritte Kirche, Bauernbarock, mit zum Teil gut erhaltenen Wandgemälden, wurde auch nicht mehr benutzt, hier war man in ein kleines, gut beheizbares Gemeindehaus ausgewichen. In der vierten Kirche wurde gerade unterhalb der Empore eine Winterkirche eingebaut – der Pfarrer war mit dem Tischler bei der Arbeit, sehen Sie sich nur um, sagte er, eine intakte Kirche ist an sich schon Besonderheit genug!

Den Kirchenweg fährt sie heute nicht, er ist insgesamt achtzehn Kilometer lang, soviel schafft sie an diesem Nachmittag nicht mehr. Sie wird durch den Stadtwald fahren, vielleicht ein Eis essen, tun, als ob es in ihrem Leben keine Probleme gäbe, sich selbst eine heile Welt vorspielen, an die sie nicht glaubt. Sie wird sich Zeit nehmen, es wartet bei ihrer Rückkehr niemand auf sie. Sie ist frei! Sie hätte nie geglaubt, wie sehr diese Art von Freiheit belasten kann ...

※

Im Stadtwald ist es kühler, die hohen Laubbäume fangen die Wärme ab. Auch hier ist fast jeder Weg mit Erinnerungen gesäumt, dort drüben haben sie oft gerastet, als die Kinder noch klein waren, es gehörte zu den größten Sonntagsvergnügen, das Eßgeschirr dort auf der Wiese auszupacken und den mitgeschleppten Kartoffelsalat und die Fleischklößchen zu essen, manchmal auch gefüllte Tomaten, zum Herbst hin, wenn die Tomaten billiger geworden waren. Die Kinder haben viel Spaß an diesen Picknicks gehabt, vor allem Isolde: Sie unternahm nach dem Essen regelmäßig kleine Entdeckungsausflüge und brachte jedesmal neue Schätze mit: einen eigenartig geformten Stein, einen Tannenzapfen und Gräser. Unter jenem großen Pilz haben sie einmal eine Regenhusche abgewartet, dort bei jenem Stein hat Konrad eine Radpanne gehabt, da es schon ziemlich spät war, fuhr sie mit den Kindern nach Haus, er schob das Rad und kam erst nach Eintritt der Dunkelheit heim. Erinnerungen, Leben, das gelebt worden ist und nicht wiederkehrt – sie fährt daran vorbei wie an einem Museum, alles wird zum Bil-

derbuch, das man Seite um Seite umschlägt und betrachtet und das man trotzdem nicht mehr in Beziehung bringt zur Gegenwart. Dort war das, da war jenes, was aber IST?

Am Waldrand steigt sie ab, lehnt das Rad gegen einen Baum, setzt sich ins Gras, schaut über das gelb gewordene, wogende Kornfeld, die Ernte steht bevor. Im Westen ziehen erneut Wolken auf, Schmetterlinge flattern über Wiesenblumen, Spatzen schilpen, ein Raubvogel kreist hoch über den Baumkronen. Sie sieht und hört, hört die Stille, ist ein Teil von ihr, ein Fremdkörper freilich, den es schon nach kurzer Zeit weitertreibt. Sie fährt nicht den direkten Weg nach Haus, sondern wählt den Umweg am Fluß entlang, rastet auf einer der Bänke dort, hier ist es keineswegs still. Die Spaziergänger bevölkern die Promenade, Kinder lärmen und lachen und heulen, und sie sitzt und beobachtet und hat doch keinen Anteil an dem Geschehen ringsum. Ertappt sich bei dem Gedanken, den ihre Mutter so oft gedacht und auch ausgesprochen hat: Was soll ich noch – bin zu nichts mehr nütze! Wenn Mutter das sagte, hat sie sofort protestiert, als ob es auf die Nützlichkeit ankomme, hat sie gesagt, das Leben an sich ist doch ein Geschenk, für das man dankbar sein muß! Jetzt versteht sie die Mutter, denn mit dem Geschenk weiß sie im Grunde auch nichts anzufangen.

In dem kleinen Café neben der Brücke kauft sie sich ein Stück Kuchen, sie findet Platz an einem Tisch, an dem drei gut gekleidete ältere Damen sitzen. Unwillkürlich lauscht sie auf ihre Unterhaltung, sie dreht sich ausschließlich um die Kinder und um die Enkel und um die eigene Gesundheit, man hat Zukker und darf eigentlich keinen Kuchen essen, aber man pfeift auf die Vorschriften, man lebt, und dann lebt man nicht mehr und hat seine Ruhe, ist das etwa nichts?

Es ist zu wenig, protestiert sie stumm. Das ist, als wenn man im seichten Wasser ertrinkt. Warten auf die Kinder – und Kuchen essen trotz Diabetes – und Wehleidigkeit statt echter Trauer, und die Zeit wird vertan, statt daß man sie auslotet und nutzt – wofür nutzt?

Gegen Abend kehrt sie nach Haus zurück, verschließt das Rad im Keller, auf der Treppe trifft sie mit Herrn Lehmann zusammen. Unterwegs heute, fragt er, sie nickt, sie geht schnell an ihm vorbei, er hat eine gewisse Art an sich, die sie nicht mag. Aufdringlich-betulich – Timm hat stets geknurrt, wenn er den Mann schon von weitem roch, zuweilen sträubten sich ihm auch die Nackenhaare, und wenn sich Herr Lehmann in falscher Freundlichkeit zu ihm beugte, fletschte er die Zähne.

Im Zimmer riecht es nach Zigarettenrauch, sie muß die Fenster öffnen und lüften, sonst bekommt sie Kopfschmerzen. Früher hat der Rauch sie nicht gestört, Konrad hat ziemlich viel geraucht, freilich mehr Zigarren als Zigaretten. Jetzt bekommt sie Kopfschmerzen – Alterserscheinungen auch hier.

Sie müßte Pauls Wäsche waschen, dazu hat sie keine Lust. Wieder einmal hat sie zu nichts Lust. Schon tut es ihr leid, daß sie sich in Gutwill angesagt hat. Augenblicksentschlüsse – die haben ihr schon früher manchen Ärger bereitet. Viel zu jäh und zu schnell hat sie sich oft entschieden, an den Folgen kaute sie oft noch lange. Erst überlegen, dann handeln, hat Konrad geraten, aus dem Alter der Spontaneität müßtest du doch heraus sein! Sie wird das wohl aber nie ablegen, es ist bei ihr keine Frage des Alters.

Montag also übernimmt sie allein und voll verantwortlich die Küche! Wieviel Heimbewohner sind jetzt draußen in Gutwill – achtzig oder neunzig? Dazu das Personal – etwa einhundert Portionen – worauf hat sie sich da nur eingelassen?

Ihre Abendbrotschnitte ißt sie gleich in der Küche, brüht sich einen Tee, gießt einen ordentlichen Schuß Weinbrand dazu, nimmt zwei Kochbücher aus dem Bücherregal, legt sich auf die Couch und studiert Rezepte. Man nehme... Freilich sind alle Rezepte für vier bis sechs Personen berechnet, wie kommt sie nun auf die richtige Menge, die sie für diese hundert Personen benötigt?

Königsberger Klopse – Konrad hat sie gern gegessen, mit Kapern und feingeschnittenen Gurken abgeschmeckt. Hühnerfrikassee mit kleinen Fleischklößchen – wieviel Hühner wird sie für Gutwill wohl kochen müssen? Koteletts sind abzuzählen, dabei kann sie eigentlich nichts falsch machen. Gemischtes Gemüse oder frischen Weißkohl, mit Kümmel abgeschmeckt oder süßsauer, freilich darf man den Zucker nicht so durchschmekken! Als Nachtisch Kompott oder Pudding, was auf dem Speiseplan steht – sie hat übrigens nie nach Plan gekocht! Auch nach Mutters Sturz nicht, als sie nun wirklich in der Küche schalten konnte nach eigenem Belieben. Sie tischte auf, was ihr gerade unter die Finger kam, was der Einkauf hergab, Fisch oder Gemüse oder Fleisch, nach guter alter Familienregel hielt sie darauf, außer am Sonntag höchstens noch ein Fleischgericht in der Woche zu kochen. Konrad und sie konnten in der letzten Zeit das Betriebsessen nicht mehr vertragen, sie nahmen sich Schnitten mit, und abends kochte sie ein warmes, leichtverdauliches Gericht, das tat ihnen gut. Konrad freute sich auf diese geruhsame Stunde den ganzen Tag über.

Das wird am Montag ein Schlauch! Ein Test auch: Gutwill – oder das Leben hier!

Immerhin ist sie neugierig, ob sie dieser Belastung standhalten kann. Ob sie ihr wenigstens für einen einzigen Tag standhalten kann. Mehr verlangt sie sich vorerst nicht ab. Ihre eigene

Reaktion wird ihr zeigen, welchen Weg sie in Zukunft gehen kann und muß.

Schließlich wäscht sie Pauls Wäsche doch noch, hängt sie im Badezimmer auf, so braucht sie nicht mehr auf den Boden zu gehen. Dann packt sie ihre Sachen zusammen, nimmt die übliche Schlaftablette, legt sich ins Bett und löscht das Licht.

Morgens ist sie sehr müde. Kaum daß sie das Weckerklingeln wahrnimmt. Als sie endlich aufschreckt, hat sie den ersten Bus nach Gutwill schlicht verschlafen. Sie sitzt im Bett und reibt sich mit einer Kleinkinderbewegung die Augen, muß über sich selbst lachen, das ist ihr seit langem nicht geschehen: Sie verschläft die Zeit!

Nun fährt sie also erst mit dem Bus, der kurz vor zwölf Uhr am Hauptbahnhof abgeht. Und damit ihr der Sonntagvormittag nicht zu lang wird, kann sie noch Asta besuchen – wenn sie kurz nach zehn Uhr bei Asta klingelt, ist die Tochter hoffentlich aufgestanden. Meist fängt ihr Dienst zwischen zwölf und dreizehn Uhr an, hin und wieder auch später. Selten früher. Das Lokal, in dem Asta bedient, wird in der Regel erst um elf Uhr geöffnet, nur am Wochenende kann man dort schon seinen Frühschoppen einnehmen, die Skatbrüder versammeln sich oft vor der verschlossenen Tür und können es nicht erwarten, die Karten mit Schwung auf den Tisch zu knallen und dabei Bier und Korn in sich hineinzuschütten.

Nein, sie denkt sich nichts Böses, als sie bei Asta klingelt! Sie will die Tochter auch nicht in Verlegenheit bringen! Sie will nur eine kleine Weile bei ihr rasten, bevor sie nach Gutwill aufbricht. Noch einen Kaffee trinken oder eine Limonade, immerhin kann daraus so etwas wie ein Aufbruch in eine neue Welt werden, den sie wagt, und sie wagt ihn nur, weil die Rückkehr in Gewohntes gesichert bleibt.

Asta öffnet erst nach mehrmaligem Klingeln. Katharina will schon umkehren, möglich, daß die Tochter doch Frühdienst hat – da wird die Tür aufgeschlossen, und Asta, im Bademantel, sichtlich verschlafen, steht vor ihr.

Du? fragt sie. Was willst du so früh?

Ihr hübsches Gesicht ist voller Ablehnung: Sie steht in der

Tür, als wolle sie der Mutter das Eintreten verwehren. Aber dann zuckt sie plötzlich die Schultern, geht ein wenig zur Seite, deutet auf die Wohnzimmertür. Ich wasche mich nur und putz mir die Zähne, setz dich solange, ich bin gleich da.

Sie setzt sich nicht.

Sie spürt überdeutlich, daß sie stört. Gleichzeitig nimmt sie eine nicht zu übersehende Unordnung wahr, der Staub hat den Fußboden blind gemacht, auch die Möbel und die Fenster. Am Regal liegen Bücher herum, Tonbänder häufen sich auf dem Bastteppich. Die Blumen in der Glasvase auf dem Tisch sind verwelkt, auf dem Tisch steht eine leere Weinflasche, gebrauchte Gläser, volle Aschenbecher, eine angebrochene Zigarettenschachtel. Im Sessel häuft sich Kleidung, hingeworfen, nicht ordentlich zusammengelegt, eine Strumpfhose baumelt über der Stehlampe.

Fröstelnd zieht sie die Schultern zusammen. So kennt sie dieses Zimmer nicht. Wenn sie bisher kam, erwartete sie eine wohlgeordnete Welt, in der sie zwar nicht hätte leben wollen – die übergroßen Aktfotos an den schrägen Wänden wirken auf sie ebenso abstoßend wie das dunkle Grün, in dem das ganze Zimmer gehalten ist. Asta hat die Wände selbst gestrichen, ziemlich fleckenlos, darauf ist sie sehr stolz gewesen – sonst hat Katharina es doch wenigstens hier ausgehalten. Heute möchte sie auf der Stelle umdrehen und fliehen, zugleich wird sie wütend: daß IHRE Tochter in solcher Liederlichkeit überhaupt leben kann!

Die Tür zum Schlafzimmer ist geschlossen, trotzdem ist die Anwesenheit eines anderen Menschen zu spüren. Ein Schlafgast, möglicherweise dieser Peter.

Als Asta erscheint, gewaschen und gekämmt, aber immer noch im Bademantel, fragt Katharina, wann sie zum Dienst müsse? Sie selbst habe den frühen Bus nach Gutwill verschlafen und hier bei der Tochter die Zeit verwarten wollen – jetzt bleibe sie natürlich nicht, und in diesem Durcheinander schon gar nicht.

Ich habe dich nicht hergebeten, antwortet Asta gereizt. Ich verlange auch nicht, daß du hier saubermachst. Im übrigen habe ich als Kellnerin gekündigt, ich suche mir einen anderen

Job, habe schon was in Aussicht, es ist aber noch zu früh, um darüber zu sprechen.

Nun setzt sie sich doch.

Davon hast du mir nichts gesagt. Als du bei mir warst – vor knapp einer Woche. Kein Wort.

Weil es erst einmal meine Sache ist, verstehst du? Und weil du mit deinem Gutwill genug im Kopf hast. Ich habe halt auch meine Probleme, aber die behalte ich besser für mich.

Du bist nicht allein?

Hast du etwas dagegen?

So kann man doch nicht leben – in dieser Unordnung!

Meinst du mit Unordnung dieses leichte Durcheinander hier?

Es scheint auch in deinem Kopf so auszusehen. Kein Wunder, daß aus dir nichts wird. Und wie kannst du kündigen, bevor du eine andere Arbeit hast?

Ich habe es dort nicht ausgehalten. Fast jeden Abend Dienst, und dann die angetrunkenen Männer, und die Anpöbeleien auf dem Heimweg. Außerdem kann man darauf kein Leben aufbauen.

Aber auf DEM hier, was?

Katharina ist den Tränen nahe. Sie weiß: Noch ein Wort, und sie wird weinen, und Asta wird sich mit zynischen Worten gegen diese Tränen zur Wehr setzen, das hat sie seit langem so gehalten. Gegen Kritik oder Tränen setzt sie ihren Zynismus. Dabei weiß sie, daß dieser Zynismus nicht echt ist, gespielt nur, um sich dahinter zu verbergen.

Wovon lebst du, wenn du nichts mehr verdienst? fragt sie. Und wann hast du gekündigt?

Vor einigen Wochen. Von Geld brauchen wir nicht zu reden – ich verlange keins von dir.

Sie geht zur Tür. Sie will hier weg, eine Fremde, die nicht hierhergehört. Du solltest dich schämen, sagt sie leise. Ein junger Mensch läßt sich nicht so treiben. Ich verstehe dich nicht und gehe wahrscheinlich daran kaputt, daß ich dich nicht verstehe. Mach, was du willst, es ist dir nicht zu helfen.

Sie sieht, wie Asta einen Schritt auf sie zukommt, sie nimmt auch Astas erschrockenen Blick wahr, die Augen der Tochter sind traurig, unsicher. Was hat sie bloß, denkt sie, welchen Vorstellungen jagt sie nach, warum begreife ich sie nicht?

Da hält Asta sie fest, ihre Hände umschließen mit hartem Griff ihre beiden Arme.

Du bleibst jetzt hier, sagt sie. Wenn du schon einmal da bist, bleibst du. Und hörst zu. Wenn du mich für oberflächlich hältst, ist das falsch. Ich bin auch nicht interessenlos oder gleichgültig, wie es vielleicht andere annehmen, Isolde möglicherweise, obwohl sie das mir gegenüber nie ausgesprochen hat. Ich möchte nur so leben, wie es mir gemäß ist. Ich möchte fröhlich sein und Freude an jedem Tag haben. Auch die Arbeit soll Freude machen, dann kommt nämlich Gutes und Vernünftiges zustande. Nicht arbeiten aus Notwendigkeit oder Pflichtgefühl, oder weil's nun mal ohne Arbeit nicht geht – sondern weil es Spaß macht! Das Studium hat mich angestunken, also habe ich es aufgegeben. Die Kellnerei hat mich angestunken, also habe ich gekündigt. Ich finde schon die Tätigkeit, die mich ausfüllt. Ich habe keine Angst vor Schwierigkeiten, es ist mir auch klar, daß nicht jeder Tag von der ersten bis zur letzten Stunde in Heiterkeit getaucht sein kann. Aber der Grundton muß stimmen – und noch habe ich den richtigen Grundton nicht gefunden. Deshalb suche ich weiter. Was ist daran schlecht oder verabscheuungswürdig? Verstehe das doch – ich gammle nicht und vermickere auch nicht im Dahintrödeln. Ich suche – steht mir dieses Recht nicht zu? Willst du mir dieses Recht streitig machen? Dann mußt du allerdings zur Kenntnis nehmen, daß ich es mir nicht streitig machen lasse. Ich will selber Erfahrungen sammeln und nicht die Erfahrungen anderer nachvollziehen. Wenn mir dabei Fehler unterlaufen, ist das meine ganz persönliche Angelegenheit. Vielleicht sind Fehler ebenso wichtig wie Erfolge. Wer Angst vor Fehlern hat, kann gleich aufstecken. Ich habe keine Angst, und ich stecke auch nicht auf. Mit Fehlern kann ich aufwarten, zugegeben, die Erfolge werden sich noch einstellen. Davon bin ich überzeugt. Du mußt mir Zeit lassen und Vertrauen zu mir haben. Ich habe bisher nichts getan, dessen du dich schämen müßtest. Ich suche nur – ist denn das so schlimm?

Ihr erst so blasses Gesicht hat Farbe bekommen, die Augen funkeln, aufatmend läßt sie die Hände sinken. Zeit, Mutter, sagt sie, Zeit brauche ich. Ich will MEIN Leben leben und nicht die Vorstellung, die du von meinem Leben hast. Es wird alles gut, glaube mir. Und wenn ich gewußt hätte, daß du heute vormittag kommst, hätte dich hier ein gedeckter Tisch erwartet.

Ein kleines Lachen – setz dich doch, ich brühe uns einen Kaffee!

Aber sie wehrt ab, obwohl der Zorn in ihr schwächer geworden ist. Nicht, daß sie die Tochter plötzlich verstünde, daß sie akzeptieren könnte, was geschehen ist und noch geschehen wird. Aber eine kleine Toleranz verhindert, daß sie türenknallend davonstürzt. Eine winzige Hoffnung blitzt auf: Vielleicht kommt doch schon irgendwie alles ins Lot!

Da stutzt sie. IRGENDWIE – Fräulein Heßler, ihre frühere Deutschlehrerin, hat ihnen dieses Wort in keinem Aufsatz durchgehen lassen. IRGENDWIE – das sagt nichts und hört sich fade an, unbestimmbares Füllsel, nun forscht bitte in euren Köpfen nach dem einzig passenden Adjektiv, was soll ich mit nichtssagendem Wortgeklingel? Irgendwie ist es heute warm, oder irgendwie bin ich eine Niete! Dafür danke ich ergebenst!

Wenn ich aus Gutwill zurück bin, müssen wir in Ruhe miteinander reden, sagt sie. Nicht zwischen Tür und Angel.

In der Nähe des Bahnhofes, vor dem großen Neubau der Energiewirtschaft, plätschern leise die Springbrunnen im Bassin, eine kleine Erholungsinsel inmitten des wochentags nicht abreißenden Verkehrs, des Lärms, der Betriebsamkeit. Ein paar junge Bäume, die noch nicht viel Schatten geben, stechen wie grüne Ausrufungszeichen in das Grau, die hellblau gestrichenen Bänke lenken die Blicke auf sich: Setzt euch und verpustet, um so schneller tragen euch danach die Füße weiter!

Sie setzt sich, nimmt die Sonnenbrille ab, putzt sie, wischt sich über die Augen; starrt auf die teils runden, teils in die Höhe schießenden Fontänen, das Wasser verwandelt sich in weißen Schaum, Zauberei, im Becken wirkt es schmutzig und dunkel. Immer neue Formen bildend, strebt das Wasser empor, um zurückzustürzen, die Augen verfolgen dieses Spiel, während die Gedanken zu Asta zurückkehren, immer wieder zu Asta. Mit großer Selbstverständlichkeit wird hier Verständnis gefordert, und sie muß Verständnis geben, aber sie darf nicht immerzu verstehen und mit Güte die Schwächen Astas zudecken. Oder ist Asta nicht schwach, beweist sie vielmehr mit dieser konsequenten Suche nach dem für sie möglichen und erstrebenswerten Lebensgrund einen Mut, der ihr selbst gerade jetzt, wo sie nach Gutwill unterwegs ist, noch fehlt?

Während ihre Augen dem Spiel der Fontäne folgen, erinnert sie sich an Astas letzten Geburtstag, den sie im Elternhaus feierte. Sie hatten das Wohnzimmer umgeräumt, trotzdem reichte der Platz für die vielen jungen Leute, die abends zu Besuch kamen, kaum aus. Ein Topf mit Schmalz, eine Schüssel mit Heringssalat, belegte Brote und Brötchen standen in der Küche, auch eine Bowle und ein Kasten Bier. Ihr war bang vor dem Lärm und dem Trubel, aber es blieb merkwürdig still, selten stieg eine Lachsalve auf, es wurde nicht gesungen, das Tanzen unterblieb aus Platzmangel. Man diskutierte, saß in kleinen Gruppen zusammen, stritt, schwieg, Konrad, der sich eine Weile im Wohnzimmer aufhielt, kam endlich erschöpft zu ihr ins Schlafzimmer, ließ sich auf sein Bett fallen und sagte: Die Fröhlichste von allen ist Asta, wohl auch die Eigensinnigste, und das tröstet mich. Die anderen wirken seltsam alt. Es scheint nicht leicht zu sein, die Lebensäußerungen dieser Generation zu begreifen!

Ich will diese Generation nicht begreifen, denkt sie jetzt, es genügt, wenn ich Asta verstehe. Alles in Freude und mit Freude tun – welch ein großes Ziel!

Der Springbrunnen gibt ein leises, gleichmäßiges Geräusch. Im Wasserschleier meint sie ein Bild zu sehen: ein kleiner, sauberer Markt, eingefaßt von Fachwerkbauten, in der Mitte ein Springbrunnen mit einer Märchenfigur. Sie sind in Urlaub gefahren und haben dort in jenem Thüringer Ort eine saubere, preiswerte Pension gefunden. Der Springbrunnen begeistert vor allem Asta: Wann immer es möglich ist, zieht sie Schuhe und Strümpfe aus und watet im Wasserbecken. Eines Mittags zieht sie sich nackt aus und stellt sich lachend unter die Fontäne, und

Konrad lacht auch, schau dir das Kind an, ruft er, ganz Lebensfreude, man könnte sie um ihre Unbefangenheit beneiden! Sie aber, ärgerlich – was mögen die Leute denken? –, ruft Asta zu sich, und die Kleine kommt maulend und jammernd. Ihr ist, als höre sie sich sprechen: So etwas tut man nicht! Darauf Asta: Warum bloß nicht, sag doch, warum...

Sie legt den Kopf weit zurück in den Nacken und schließt die Augen. Sorge um die Tochter belastet sie, gleichzeitig ist da ein Gefühl in ihr, das sie sich nicht erklären kann, ein wenig Mitleid, gemischt mit Staunen und Hoffnung, daß Asta zur Freude finden möge, zur gleichbleibenden Freude. Sie wünscht es ihr sehr, nur befürchtet sie, daß dieses Ziel am Ende unerreichbar sein wird.

Ein junges Ehepaar mit einer etwa achtjährigen Tochter verläßt das Hochhaus und kommt auf das Bassin zu. Die junge Frau trägt einen langen geblümten Rock, auch das Mädchen trägt einen langen Rock, es bewegt sich affektiert und geziert, stakst mit kleinen Schritten neben der Mutter her und scheint sich aus den Augenwinkeln nach Bewunderern umzusehen. Was machen die denn mit dem Kind, denkt sie erschrocken, eine Puppe, zu klein geratene Erwachsene, wo ist die schöne Natürlichkeit geblieben, die uns jedes Kind voraushat? Erschlagen von modischem Kram, Einengung der Bewegungsfreiheit – hoffentlich begeht Isolde nicht einmal ähnliche Fehler mit Beate, auch sie könnte so albern daherkommen und beinahe über den Rock stolpern.

Die drei Menschen gehen an ihr vorbei, sie beobachtet sie noch eine Weile, dann steht sie auf, nimmt die Tasche, macht ein paar Schritte, unschlüssig, wohin sie sich wenden soll. Geht endlich doch zum Bahnhof, sie hat zwar immer noch über eine Stunde Zeit, aber dort kann sie sich schon ihre Karte kaufen, kann sich auf die Bank unter der Platane setzen, wo sie oft gesessen hat, wenn sich der Bus nach Gutwill verspätete, der Krähenbaum im Winter, hier hockten die dunklen Vögel und krächzten und schlugen mit den Flügeln, das Pflaster war weithin weiß gefärbt von ihrem Kot, Gespensterbaum hat sie oft gedacht, wenn sie im Spätherbst von Gutwill gekommen ist, müde und uneins mit sich und der Welt. Da sitzen und hocken und krächzen, hat sie gedacht, ist das schlechteste nicht! Immer noch besser, als jetzt mit müder Seele heimgehen und achtgeben, daß Konrad nicht von meiner Gereiztheit angesteckt wird ...

An diesem Sommersonntag flattern nur ein paar Spatzen um den Baum, der schon zu dieser Vormittagsstunde angenehmen Schatten spendet. Die Wolken haben sich verteilt, der Tag verspricht heiß zu werden. Sie müßte eigentlich wieder einmal schwimmen gehen, ist ist immer gern geschwommen, aber seit Konrads Tod hat sie sich dazu nicht aufraffen können.

Der Bus kommt zehn Minuten früher, als auf dem Fahrplan angezeigt ist.

Es steigen nur wenige Leute ein. Sie setzt sich gleich vorn auf den ersten Platz, von hier aus hat sie die beste Übersicht. Straße und Landschaft liegen offen vor ihr. Weite wird spürbar, und nach Weite hat sie sich immer gesehnt. Zwar hat sie nie klar definieren können, was darunter zu verstehen ist, Weite gleich Freiheit, nicht Freiheit von Verpflichtung, wohl aber Freiheit von Sorgen, Ängsten, Nöten. Weite gleich Harmonie – seltsame Gedanken, die ihr durch den Kopf gehen. Was mag Mutter gedacht haben, in den letzten Jahren ihres Lebens? Bestimmt nicht nur an das Essen, das sie mittags auf den Tisch bringen wollte. Ist sie in der Vergangenheit spazierengegangen – oder auch in der Gegenwart? Zuweilen, wenn die Mutter in ihrem Zimmer saß und Katharina die Tür öffnete, um sie etwas zu fragen, hat sie innegehalten in der Bewegung und die Worte verschluckt: Die alte Frau saß vornübergebeugt auf ihrem kleinen Sessel, die Hände gefaltet, den Kopf gesenkt, versunken in Erinnerungen oder in Groll oder in Angst – vielleicht auch in Angst? Sie hat leise die Tür geschlossen und Mutter allein gelassen, die Sorge zu stören ist stärker gewesen als der Drang, teilzuhaben an diesem Leben, das immer mehr ihrer Anteilnahme und ihrem Verständnis entglitt.

Am Alten Markt steigt Paul ein! Ihr Neffe Paul!

Er winkt ihr schon zu, als der Bus hält, und dann setzt er sich neben sie – ich will mir Gutwill wenigstens von außen einmal ansehen, sagt er, wenn du dorthin ziehst, muß ich wissen, wie es ausschaut. Wenigstens, wie es ausschaut. Wie es sich dort lebt, werde ich nicht erfahren, so bald zumindest nicht.

Sie ist überrascht und nicht allzu erfreut. Eigentlich möchte sie lieber allein in dieses Abenteuer hineinfahren – Abenteuer zumindest, was das Kochen betrifft.

Sie rückt ein wenig zur Seite, so hat Paul mehr Platz.

Kennst du Astas Freund? fragt sie unvermittelt, als der Bus anfährt. Was macht er, wie ist er? Muß ich mich sorgen?

Der Bus fährt scharf um eine Kurve und gleitet beinahe lautlos über die schmale Asphaltstraße, die durch den Stadtwald führt. Paul muß sich erst einmal wieder richtig setzen, er ist fast vom Sitz gerutscht. Der fährt wie ein Teufel, sagt er und lehnt sich fester gegen die Rückenlehne. Was für ein Typ, willst du wissen. Recht sympathisch, fährt einen Krankenwagen, über ein Jahr schon. Hatte einen Studienplatz für Verfahrenstechnik, aber dieses Gebiet interessiert ihn nicht. Da ist er Krankenwagenfahrer geworden. So alt wie Asta, mit kindlichem Gesicht. Man weiß bei beiden nicht, wer der größere Träumer ist. Beide sind Sucher – das charakterisiert sie besser. Sie lassen sich nicht auf bestimmte Verhaltensnormen festlegen, tun, was SIE SELBST für richtig halten. Kein Ausgeflippter – wenn du weißt, was das bedeutet. Einer, der es sich schwer macht. Wie es sich auch Asta schwer macht. Und ich – wenn das vielleicht auch nicht so spürbar ist für Außenstehende.

Große Liebe?

Liebe Tante, wie soll ich das wissen?

Du magst sie doch auch?

Sehr. Aber Cousin und Cousine...

Sie hätte auch hier sitzen können, denkt Katharina. Sie hätte sich Gutwill auch noch einmal ansehen können, mit anderen Augen jetzt, keine Bleibe für die Großmutter, sondern eine neue Heimat und Arbeitsstelle für die Mutter! Sie hätte hier sitzen müssen, wenn mein Leben sie ernsthaft interessieren würde. Statt dessen: Paul!

Die Bushaltestelle von Gutwill liegt am Fuß des kleinen Hügels, auf dem das Heim steht. In der Rotbuche fängt sich das Sonnenlicht, die Linden, die zu den spätblühenden ihrer Art gehören, verströmen einen süßen Duft, der schon unten auf der Straße zu riechen ist. An einigen Fenstern sind Blumenkästen angebracht, in denen Hängegeranien blühen. Eine Idylle. So könnte man annehmen. Aber wer von denen, die wissen, wer hinter dieser Fassade wohnt, nimmt das an?

Hier also, sagt Paul. Auf den ersten Blick möchte man dir zuraten. Und hier hat Großmutter gelebt?

Acht Monate lang. Dort im zweiten Stock das dritte Fenster von rechts. Das ist ihr Fenster gewesen. Dahinter hat sie gelegen. Die Baumwipfel hat sie auch sehen können und ein Stück Himmel. Mehr nicht.

Sie hat auf viele Lebensjahre blicken können, das ist Aussicht genug. Finde ich.

Er trägt ihr die Tasche den Hügel hinauf. Sie duldet es widerspruchslos. Wieder möchte sie auf der Stelle umdrehen und fliehen. Fliehen zum Anfang hin: Sie ist ein Kind und lebt in der Geborgenheit einer kleinen, zufriedenen Familie, alles ist heil und gut, die Welt ist in Ordnung, zumindest für sie. Das ändert sich erst, als der Krieg ausbricht und der Vater eingezogen wird; zwar kehrt er nach eineinhalb Jahren zurück, aber er ist schwerkrank, nierenkrank, nicht mehr tauglich für den Dienst in der Wehrmacht. Von heute auf morgen wird sie in das Erwachsensein gestoßen, und aus ebendiesem Erwachsensein möchte sie ausbrechen: Sie ist krank und liegt im Bett, und Mutter sitzt neben ihr und macht ihr Wadenwickel, die hat sie verabscheut, jetzt gäbe sie viel darum, wenn Mutter sie ihr wieder um die Beine legen könnte! Mit keiner Wimper würde sie zukken, sie würde sich ganz still verhalten und jede Fürsorge genießen und die Rückkehr in diese schutzlose Gegenwart so lange wie möglich hinauszögern.

Die Schwester erwartet mich, sagt sie zu Paul. Von dir hat sie keine Ahnung.

Er lacht. Höfliche Verabschiedung, wie? Keine Sorge, ich komme nicht mit hinein. Ich sehe mich noch eine Weile um, und dann gehe ich zum nächsten Dorf. Es muß doch irgendwo ein Dorf mit einer Kneipe in der Nähe sein?

Zwielitz – dieser Weg führt an Gutwill vorbei, immer auf der Höhe, etwa drei Kilometer. Ich bin ihn auch einmal gegangen, im Herbst, es stürmte, ich hatte Mühe, gegen den Wind anzukämpfen.

Und warum bist du nach Zwielitz gegangen – im Herbst, bei schlechtem Wetter?

Ich hatte den Bus verpaßt, in Zwielitz erreicht man eine andere Buslinie nach Ahlheim. Mutter ging es nicht gut, sie hatte einen Magen-Darm-Katarrh, ich half der Schwester beim Umbetten und vertrödelte mich.

Damals – denkt sie – ging es Mutter schlecht, die Magenkrämpfe hatten sie sehr geschwächt. Aber trotz ihrer Schmerzen war sie an jenem Nachmittag sehr geduldig. Nach jedem Anfall lag sie steif im Bett, sah mich mit einem guten, liebevollen Blick an. Meine Große, sagte sie einmal, wie gut, daß ich dir solche Schweinereien nicht zu Hause machen muß! Gegen Ende der Besuchszeit schlief sie ein, ihre Hand hatte sich um mein Handgelenk gelegt, sie hielt mich fest. So blieb ich sitzen, bis sie wieder erwachte, und dann mußte ich nach Zwielitz laufen. Ach ja – der Apfelbaum, ich kam an einem Apfelbaum vorbei, kaum ein Apfel hing noch im Geäst, der Wind hatte sie alle heruntergeholt, sie lagen auf der Straße. Ich mußte mich bücken und meine Taschen vollstopfen, zu Haus kochte ich noch am gleichen Abend Apfelmus, ich machte mir Sorgen um Mutter und war sehr unruhig...

Die große Haustür ist weit geöffnet. Es hat den Anschein, als ob das Haus unsichtbare Arme ausbreite und jeden auffinge, der der Hilfe bedürfe. Vielleicht auch sie, obwohl sie im Grunde keiner Hilfe bedarf, sondern viel mehr einer Aufgabe.

Danke, sagt sie zu Paul. Und grüß Asta von mir, wenn du sie siehst. Sie möchte bald vorbeikommen, es wird nötig sein, daß wir miteinander reden.

Mit dem Zeigefinger tippt er gegen die Stirn, Gruß unter Kumpeln. Es hat sie immer sympathisch berührt, wenn die Fahrer der Busse, die sie nach Gutwill brachten oder nach Ahlheim zurück, die Fahrer der entgegenkommenden Busse grüßten, meist wurde nur die rechte Hand gehoben, mach's gut, und komm heil an! Auf ihrem vorderen Platz hat sie sich eingeschlossen gefühlt in diesen Gruß, einmal hat sie ganz instinktiv ebenfalls die Hand gehoben, sie ist sich nicht sicher gewesen, ob der Fahrer des anderen Busses es bemerkt hat.

Auf der Hausschwelle bleibt sie stehen, dreht sich nach Paul um, er steht unter der Rotbuche, hat den Kopf weit in den Nacken zurückgelegt und schaut hinauf zu den Baumkronen. Auf diese Entfernung hin sieht er sehr schmal, fast zerbrechlich aus. Plötzlich tut es ihr leid, daß sie ihn fortgeschickt hat. Vielleicht hätte seine Gegenwart sie vor einer falschen Entscheidung bewahrt.

Und dann tritt sie in die Eingangshalle.

Es riecht wie stets nach Desinfektionsmitteln, gemischt mit dem durchdringenden Aroma von Pfefferminztee. Die Mittagsgerüche sind schon verflogen, es wird hier sehr zeitig gegessen, kurz vor ein halb zwölf Uhr, Mutter hat sich deswegen oft beschwert. Um diese Zeit hat kein vernünftiger Mensch Hunger, hat sie gesagt, aber die Schwestern wollen Mittagsruhe halten, als ob wir früher jemals Zeit für eine Mittagsruhe hatten! Auf solche Vorwürfe ist sie immer gern die Antwort schuldig geblieben, der Heimbetrieb läßt sich nun einmal nicht mit einem Fünfpersonenhaushalt vergleichen, das weiß sie genau. Mutter wußte es auch, trotzdem zog sie Vergleiche mit ihrer eigenen früheren Arbeit, aber diese Vergleiche waren im höchsten Maß unrealistisch.

Das Büro ist abgeschlossen. Eine junge Schwester, die sie nicht kennt, sagt ihr, daß sich Schwester Elisabeth in ihrem Zimmer oben aufhalte. Frau Schmeißer hat wieder einmal ihre Redestunde, fügt sie mit einem kleinen Lächeln hinzu, die Schwester hat sich heute geopfert!

Wie das klingt! Geopfert! Opfert sich die Schwester auch, indem sie sie hier einen Tag lang kochen läßt?

Dieses Gefühl: immer auf der Hut sein zu müssen vor zuviel oder zuwenig Anteilnahme, belastet. Es nimmt ihr die Unbefangenheit und macht sie linkisch und verschroben. Heute taugt es überhaupt nicht. Sie braucht ihren klaren Kopf, damit sie nüchtern die eigene Situation erkennen kann. Und so geht sie schnell, sich damit jede Möglichkeit einer letzten Flucht verbietend, die Treppen hinauf, läßt das Zimmer, in dem Mutter gelegen hat, links liegen, steigt noch zwei Treppen höher und klopft oben an Schwester Elisabeths Tür.

Fast im gleichen Augenblick wird die Tür geöffnet. Die Schwester steht vor ihr und streckt ihr impulsiv die Hand entgegen. Wie schön, daß Sie gekommen sind, wir hatten kaum noch mit Ihnen gerechnet! Trinken Sie einen Kaffee mit uns? Das ist Frau Schmeißer, sie wohnt schon seit etlichen Monaten im Heim und besucht mich zuweilen hier oben.

Ihr Blick sagt: Achtung! Sie versteht, ist angenehm berührt, weil die Schwester sie wortlos ins Vertrauen zu ziehen versteht, spielt Fröhlichkeit, Tatkraft: Wir schaffen es schon! Mit Schwung ins Zimmer getreten, die Tasche abgestellt und der alten Frau die Hand gedrückt: Guten Tag, ich freue mich, Sie kennenzulernen!

Frau Schmeißer hat ein langes, schmales Gesicht, die grauen Haare sind frisch frisiert, die Augen hinter starken Brillengläsern wirken übergroß. Ich freue mich auch, sagt sie, die Schwester hat mir erzählt, daß Sie vielleicht ganz zu uns kommen, wie schön, dann wäre sie nicht mehr so allein. Sie hat es nicht leicht, ich bete jeden Tag, daß sie alle Arbeit schafft und uns gesund bleibt, mehr kann ich nicht tun als eben die Hände falten, aber das tue ich häufig.

Das wird alles in einem Atemzug gesagt, in gleichbleibend-freundlichem Ton, und es wird auch sofort weitergesprochen, vielleicht freut sich die Frau, eine neue Zuhörerin gefunden zu haben. Ich bin früher Gemeindeschwester gewesen, sagt sie,

und eine Gemeindeschwester geht immer auf die Menschen zu und spricht sie an, es gibt nichts Schlimmeres als die Mauern, hinter denen sich die Leute verstecken! Viele sind froh, wenn man sie aus dem Schweigen nimmt, aber natürlich rede ich jetzt oft zuviel, das weiß ich schon, nur besser reden als an unausgesprochenen Gedanken ersticken! Sie haben Sorgen, das sehe ich auf den ersten Blick, dabei müßten Sie dankbar sein, daß Sie noch so jung sind und arbeiten können, das ist ein großes Geschenk! Sehen Sie sich meine linke Hand an, Schlaganfall, die Hand ist gelähmt, ich kann mich aber noch selbst anziehen und bin keinem zur Last gefallen, bisher wenigstens. Ich habe damals, als ich krank lag, nicht mehr leben wollen, auch die erste Zeit nach dem Krankenhausaufenthalt habe ich ein Ende machen wollen, aber in solchen Augenblicken kam immer jemand: Es klingelte, oder ich erhielt Post, irgendwie wurde ich vor diesem letzten Schritt bewahrt. Nun darf ich hier in Gutwill sein, das ist jetzt meine Heimat. Ich möchte gern helfen, leider ist das mit dieser Hand nicht möglich, aber ich unterhalte die Kranken, manchem tut es gut, wenn ich an seinem Bett sitze und ein bißchen aus meinem Leben schwatze. Wir hatten früher viele Tauben, wissen Sie, und meine Nachbarin konnte sie ganz schnell töten, sie drehte ihnen den Hals um und riß den Kopf ab, ich habe mich immer vor ihren blutigen Händen geekelt. Eines Tages hat jemand Giftweizen in das Taubenhaus gestreut, da mußten alle Tiere sterben. Die Frau hatte uns in Verdacht, aber wir haben niemals einem Tier etwas zuleide tun können, mein guter Mann und ich! Nur im Krieg, wissen Sie, als wir nichts zu essen hatten, bekam unsere Hündin vier Junge, drei davon habe ich im Wassereimer ersäuft, was sollte ich denn machen, wir wurden ja selbst nicht mehr satt. Später mußten wir Senta einem Bauern verkaufen, das hat uns weh getan, aber dort hatte sie zu fressen, damit haben wir uns getröstet. Was der Mensch alles tun kann im Leben – Tiere töten, das macht mir jetzt zuweilen noch Herzbeschwerden. Unsere Nachbarin ist lange nach dem Krieg nervenkrank geworden, erst hat das niemand bemerkt, man hat eben gedacht, sie habe einen bösen Charakter. Ihren Abfall hat sie vor unsere Tür geschüttet, und wenn sie einen von uns sah, hat sie eine Flut von Beschimpfungen über ihn ausgegossen. Und dann ist sie ins Wasser gegangen, der Totengräber brachte sie auf einer Karre ins Dorf, bloß mit Stroh bedeckt, so lag sie dann auch in der Leichenhalle: nackt auf dem Stroh. Ich habe ein Nachthemd genommen und habe sie gewaschen und ihr das Nachthemd angezogen, der Totengräber hat gesagt: Frau Schmeißer, Sie sind eine gute Frau! Gut oder nicht – sie konnte doch nicht nackt im Sarg liegen! Als Gemeindeschwester habe ich mich vor dem Tod nicht geekelt, den habe ich nur gehaßt. Und jetzt sage ich mir: Es ist gut, ihm immer noch einen Tag abzutrotzen und aus dem Rest des Lebens etwas zu machen. Der Tod kommt stets zu früh, selbst unser Herr hat nicht sterben wollen, damals auf Golgatha, so jung und schon sterben, und alles für uns! Daran denken nur noch wenige, aber diese wenigen müssen für die vielen mitbeten, und das tue ich, jeden Morgen und jeden Abend, und so hat mein Leben immer noch einen Sinn.

Sie hört und nickt, trinkt den Kaffee, auch den Weinbrand, den ihr die Schwester hinschiebt, den kann sie gebrauchen, sie verträgt die Busfahrt immer noch nicht. Nach wenigen Kilometern wird ihr übel, das gibt sich erst, wenn sie wieder festen Boden unter den Füßen spürt. Frau Schmeißer zieht mißbilligend die Augenbrauen nach oben, wir haben nie getrunken, sagt sie, mein lieber Mann und ich, Alkohol ist ein Teufelszeug, damit ruiniert man sich nur die Gesundheit! Aber wenn er Ihnen jetzt guttut! Wir haben das Geld, das wir hätten vertrinken können, immer gespendet, für die Innere Mission, wissen Sie, da wurde es gut gebraucht.

Das wird ohne Anflug von Selbstzufriedenheit gesagt, sehr nüchtern, sehr sachlich. Aber ehe sie antworten und beteuern kann, daß sie keineswegs zu den Säufern gehört, auch nicht zu den Gelegenheitstrinkern, redet Frau Schmeißer schon weiter. Der Konsum hat hier manchmal im Haus eine kleine Verkaufsstelle geöffnet, wissen Sie, ich mache da so meine Beobachtungen. Süßigkeiten werden gekauft, Zigaretten, Zigarren und Alkohol. Ich sage immer zur Schwester, das müßte verboten werden, aber in diesem Punkt sind wir nicht einer Meinung.

Es wär langweilig, wenn wir in allen Dingen einer Meinung wären, sagt Schwester Elisabeth freundlich. Und dann, nach einem Blick auf die Uhr, bittet sie Frau Schmeißer, sie jetzt mit ihrem Besuch allein zu lassen, der Essenplan müsse besprochen werden, sonst wären morgen alle Heimbewohner den ganzen Tag über hungrig!

Es war schön hier bei Ihnen, sagt die alte Frau, vielleicht darf ich einmal wiederkommen? Ich muß Ihnen noch von meinen Kindern erzählen, das sind alles prächtige Menschen geworden, sie haben nur so kleine Wohnungen, deshalb konnten sie mich nicht aufnehmen, nur deshalb ...

Langsam, etwas unsicher, verläßt sie das Zimmer. Katharina will aufstehen und ihr behilflich sein, aber die Schwester schüttelt den Kopf. Frau Schmeißer würde es als Kränkung auffassen, erklärt sie, nachdem sich die Tür hinter der alten Frau geschlossen hat, beinahe als Eingriff in ihre Selbständigkeit. Darin sind unsere alten Leute wie die Kinder! Sie möchten alles selbst tun, jede Art von Abhängigkeit leugnen. Man braucht viel Fingerspitzengefühl, um hier das Notwendige und das Mögliche zu verbinden. Noch einen Weinbrand – trotz der Ermahnungen eben?

Sie nickt. Sie lehnt sich im Sessel zurück, am liebsten würde sie die Beine hochlegen. Sich hinlümmeln, wie es Asta oft tut. Natürlich unterläßt sie es, immer Haltung bewahren, das ist ihr anerzogen worden, davon löst sie sich nicht.

Noch etwas machen aus dem Rest des Lebens! Das hat die Frau so dahingesagt, und es ist doch das einzige, was sie behalten hat!

Ihr ureigenstes Problem!

Noch etwas Neues aufbauen und nicht verharren in der Erinnerung und im Warten auf Lebenshilfe von außen. Lebenshilfe von innen – was steht morgen auf dem Essenplan?

Wir gehen hinunter in die Küche, ich zeige Ihnen alles. Aber wir rechnen schon heute zum Abendessen mit Ihrer Hilfe! Frau Weber hat sich Urlaub genommen, und Käte schafft die anfallende Arbeit nicht allein. Sie kann die Schnitten bestreichen und belegen, zu mehr reicht es nicht.

Abendessen für mehr als hundert Personen – aus dem Stegreif!

Trauen Sie mir das überhaupt zu?

Wem sonst als Ihnen!

Und wo kann ich schlafen?

In Ihrem Zimmer hier oben, gleich gegenüber. Es ist noch etwas kahl, außer einem Bett und einem Tisch steht nichts darin. Es wartet auf Sie – wie wir anderen auch.

Sie setzen mich unter Druck!

Tu ich das? Und wenn – ist es Ihnen sehr unangenehm?

Sie wird auf den kleinen Webstuhl neben dem Bücherregal aufmerksam. Eine Webarbeit ist eingespannt – Ihr neues Hobby? fragt sie. Decke oder Wandbehang?

Lediglich Kissenplatte. Meine Hände wollen noch anderes tun als schmutziges Bettzeug waschen und alte, kranke Menschen füttern.

Und ich soll meine sauberen, gut geführten Konten im Büro

gegen diesen Wust von Arbeit aufgeben, meine sozusagen keimfreie Welt gegen diesen Ansturm von Forderungen und Leid eintauschen? denkt Katharina erschrocken. Bin ich verrückt?

Zeigen Sie mir mein Zimmer, sagt sie nach einem kleinen Schweigen. Mein Zimmer für zwei Nächte. Ich habe mich noch nicht festgelegt, das möchte ich betonen. Sie sollen sich keine falschen Hoffnungen machen – ich bin voller Zweifel und voller Unentschlossenheit.

Ich weiß, antwortet die Schwester. Sie sollen sich nicht gedrängt fühlen. Aber ich müßte lügen, wenn ich Ihnen verheimlichte, daß ich sehnsüchtig auf Sie warte!

❧

Das Zimmer, in dem wirklich nur ein Bett, ein Stuhl und ein Tisch stehen, ist etwa zwanzig Quadratmeter groß und hat eine schräge Wand. Das breite, neu eingebaute Fenster zeigt nach Westen. Abendsonnenseite, denkt sie. Sie steht und schaut, von hier oben hat man einen weiten Blick über das Land, die Getreidefelder reichen bis zum Horizont, bald wird Erntezeit sein, eine schwierige Ernte in diesem Jahr bei den häufigen Gewitterregen. Heute scheint sich das Wetter freilich zu halten, die Sonne wirft die Schatten der Bäume dem Haus entgegen, die große Linde blüht, mitten im Sommer Lindenblütenduft!

Also dann, sagt sie, nimmt sich die Schürze aus der Tasche, bindet sie um, ist gerüstet. Mutter hätte gesagt: gestiefelt und gespornt! Redensarten der Alten – ich will es versuchen, sagt sie, aber seien Sie nicht enttäuscht, wenn ich versage. Diese Mengen machen mir angst. Weisen Sie mich ein – oder kann das Käte? Und wer ist Käte?

Eine Frau aus Zwielitz. Sie steht uns seit Jahren treu zur Seite, findet sich auch in der Arbeit zurecht, nur Verantwortung kann ihr in diesem Ausmaß nicht übertragen werden, ihr fehlt die Übersicht. Wenn Sie nicht achtgeben, schält sie vier Eimer Kartoffeln, und dann können Sie einen Eimer voll getrost zum Schweinefutter geben, weil es keine andere Verwendung dafür gibt. Oder sie schmiert die doppelte Menge Schnitten, und dann jammert sie lautstark, die Alten würden nichts essen.

Die Küche: ein großer Raum, Herrschaftsküche früherer Zeiten, gekachelte Wände, gekachelte Ausgüsse, ein großer elektrischer Herd nimmt die Mitte ein, man kann von allen Seiten an ihn heran, das ist wichtig und günstig. Längs der Fensterseite stehen breite Tische, an ihrer Schmalseite befinden sich einige Küchenmaschinen. Eine kleine Treppe führt in einen Nebenraum, hier sind die Vorratsschränke und etliche Geschirregale untergebracht. Gleich neben der Eingangstür steht ein kleiner Tisch, darauf häuft sich der Schreibkram. Keine moderne Großküche ohne aufwendiges Bestellsystem, sagt Schwester Elisabeth ganz nebenbei. Damit haben Sie aber nichts zu tun. Schauen Sie sich um, zur Zeit gehört dieses Reich Ihnen. Käte kommt erst gegen sechzehn Uhr. Um die Schnitten in der Pflegestation brauchen Sie sich nicht zu kümmern, das ist Kätes Aufgabe.

Mädchen, stöhnt Katharina, Sie können mich doch hier nicht so allein lassen! Wenigstens eine kurze Erklärung bitte: Wo wird gegessen, im Speiseraum – oder holt man sich die Portionen ab – und wo steht der Tee – und wie sieht der Plan für morgen aus?

Nach einer knappen halben Stunde weiß sie Bescheid, zumindest theoretisch. Für den Nachmittagskaffee ist schon alles gerichtet, der Sonntagskuchen wird gleich mit dem Mittagessen ausgegeben, der Kaffee steht in Thermoskannen in den Gemeinschaftsräumen und auf den Stationen. Darum braucht sie sich nicht zu sorgen. Nur um das Abendessen ...

Als die Schwester geht, will es ihr scheinen, als lächle sie ein wenig. Ein Sphinxlächeln. Sie hat das Gefühl, daß man sie ins Wasser stößt, obwohl sie nicht schwimmen kann. Oder sie kann schwimmen, schluckt nur so viel Wasser, daß sie wie gelähmt ist, und weder Arme noch Füße lassen sich bewegen, und so versinkt sie hilflos.

※

Immer ist ihr vor allen neuen Lebenssituationen bang gewesen, sie hat deshalb auch den Betrieb nie gewechselt. Dabei hat sie etliche Angebote im Laufe der Jahre bekommen, die wesentlich ansprechender gewesen sind als die Tätigkeit einer Lohnbuchhalterin. Einmal war sie als Helferin in das Betriebsferienlager gefahren, wegen Personalmangels mußte sie eine Gruppe von fünfzehn Mädchen allein betreuen, zum Glück war Isolde in einer anderen Gruppe, es wäre sonst nicht gut gegangen. Asta machte ihr keine Schwierigkeiten und bestand nie auf Sonderrechten, ihre Gruppe bildete schon bald eine fröhliche Gemeinschaft, es wurde viel gelacht, auf Schimpfen und Ermahnen verzichtete sie von Anfang an. Später, als alle Durchgänge ausgewertet wurden, machte ihr die Betriebsleitung den Vorschlag, sich als Unterstufenlehrerin ausbilden zu lassen, sie habe großes Geschick, mit Kindern umzugehen. Sie freute sich über dieses Lob, träumte ein paar Tage von der Möglichkeit eines interessanten Berufes und ließ dann doch alles beim alten. Ich hätte keine Zeit mehr für euch, sagte sie zu Konrad, Fernstudium, was das für Zeit und Kraft bindet, ich halte mich an die mir bekannten Zahlen, da brauche ich mich nicht sonderlich anzustrengen.

Dabei ist sie bestimmt nie bequem gewesen und hat sich vor keiner Anstrengung – gleich welcher Art – gedrückt! Sie hat sich nur vor der neuen Lebenssituation gescheut. Du hast Mut und Kraft für zwei, hat Konrad oft gesagt – das mag in gewisser Weise stimmen. Gleichzeitig ist sie aber auch ein ängstlicher Mensch, obgleich ihr das niemand abnimmt. Das macht sich in Kleinigkeiten bemerkbar.

Jetzt also: diese Küche!

Sie empfindet sie als Bedrohung!

Am liebsten würde sie auf dem Absatz umdrehen, ihre Tasche aus dem Dachzimmer holen und verschwinden!

Welcher Teufel hat sie nur hierhergebracht? Gutwill – wenn man schon in jüngeren Jahren niemals einen Wechsel gewagt hat, sollte man in ihrem Alter die Finger davon lassen. Sie schafft das doch nicht. Ist sie wahnsinnig gewesen, hier kochen zu wollen? Größenwahnsinnig?

Am Herdrand stehen einige große Töpfe. Fast gegen ihren Willen hebt sie die Deckel und schaut hinein. Ein Topf ist gefüllt mit Blumenkohl, übriggeblieben sicher vom Mittagessen. Sie probiert ein Stück, zu weich gekocht ihrer Meinung nach, sie hat auch beim Blumenkohl immer noch gern etwas zu kauen.

Im anderen Topf sind Schoten und Mohrrüben, nur noch wenig, anscheinend sind sie lieber gegessen worden. Schweinefutter – ist das etwa das Schweinefutter, das Schwester Elisabeth vorhin erwähnte?

Fast automatisch beginnt sie mit der Arbeit, läßt eine Handbewegung der anderen folgen, so wie ein Gedanke dem anderen folgt. Im Nebenraum findet sie eine große Schüssel, und sie findet Mayonnaise, Essig und Öl. Sehr bald ist der Gemüsesalat fertig, nicht zu fett, damit er den alten Leuten auch bekommt, eine kleine Abwechslung im Einerlei des Abendessens. Und sogleich schließt sich die nächste Arbeit an: Gurken und Tomaten werden in dünne Scheiben geschnitten, auf Teller gelegt und mit Petersilie garniert, plötzlich hat sie das Gefühl, ein großes Fest vorzubereiten, und etwa hundert Personen sind ihre Gäste! Sie fragt nicht mehr nach dem hier Gewohnten, sie folgt ganz ihrer eigenen Vorstellung, kocht Eier, pellt sie ab, schneidet sie in Hälften, vermischt die Eidotter mit Kräutern und drückt diese Masse in die festen Eihälften zurück. Aus Quark, der für das Abendessen schon bereitsteht, richtet sie Quarkspeise an, eine süße und eine herzhafte, ganz nach Wunsch und Geschmack. Immer mehr tritt die ungewohnte Umgebung für sie in den Hintergrund, immer mehr tritt sie selbst in den Hintergrund, sie ist ganz auf die neue Tätigkeit konzentriert. Als Käte erscheint und sie mit einem erstaunten NU NEE, wer sind Sie denn? begrüßt, zuckt sie ein wenig zusammen, erwacht wie aus einem Traum, sagt, was zu sagen ist, und deutet mit einer verlegenen Handbewegung auf die Schüsseln – ist es so recht?

Käte – kaum einer in Gutwill weiß, daß sie Ilse Bretschneider heißt, der Name KÄTE hängt ihr seit der Kinderzeit an, ist ein Teil von ihr, und wenn sie aus dem Urlaub einmal eine Karte schreibt, setzt sie mit ungelenken Buchstaben auch nur diese vier Buchstaben darunter – Käte legt die Stirn in Falten. Schön, sagt sie, aber die Frau Frenzel macht das nie so, die hätte das Gemüse zur Suppe genommen, montags gibt es immer Suppe, wissen Sie, das steht so auf dem Plan.

Wir werden frisches Gemüse in die Suppe tun, das schmeckt sowieso besser. Schmieren Sie die Schnitten?

Na ja, wie immer.

Sie holt den Aufschnitt aus dem Kühlschrank, etwa vier Pfund Sülze ist auch dabei, die ißt wieder keiner, sagt Käte, die brauche ich gar nicht aufzuschneiden, schmeckt fade, probieren Sie mal. Wird aber immer wieder mitgeliefert, Frau Frenzel bestellt sie nicht, die Fahrer bringen sie so mit. Leberwurst und Rotwurst gibt es heute, immer dasselbe, den Alten kommt es schon aus den Ohren raus!

Sülze – über die hat sich Mutter schon damals beschwert, schmeckt nach niemand und nichts, hat sie geklagt, möchte wissen, wer für das Zeug verantwortlich ist! Unsere Sülze ist doch etwas anderes gewesen – weißt du wenigstens, wie ich sie zubereitet habe? Du wolltest sie immer wieder essen, aber ich glaube, du hast mir nicht ein einziges Mal bei der Zubereitung zugesehn?

Aber ja, sie kennt dieses Rezept: Schweinekamm und Eisbein werden in gut abgeschmeckter Brühe mit feingeschnittenen Gewürzgurken und Zwiebeln weichgekocht, und, nachdem das kleingeschnittene Fleisch in eine Schüssel gelegt worden ist, die Brühe mit Gelatine nochmals aufgekocht und darübergegossen. Dazu selbstgerührte Mayonnaise – ein Hochgenuß, der meist in der Weihnachtszeit serviert wurde. Keine fertiggekaufte Sülze hat jemals mit dieser selbstgemachten konkurrieren können – trotzdem: Irgend etwas Schmackhaftes muß doch auch aus diesem nichtssagenden Zeug hier zu machen sein!

Können Sie mir Zwiebeln schneiden? fragt sie die Frau, die auf dem Tisch die Schnitten mit Butter bestreicht.

Wenn's sein muß! Ich heule dann bloß immer ...

Heul nur, denkt sie. Die Alten sollen heute abend weder heulen noch schimpfen – es soll ihnen schmecken.

Und sie würfelt die Sülze und rührt eine Soße aus Essig und Öl und Zwiebeln in einer Schüssel an, und dann wird die Sülze darin vermengt, das Ganze danach mit etwas Salz und einer Prise Zucker abgeschmeckt – nun probieren Sie, fordert sie Käte auf, aber sagen Sie ehrlich, ob man das anbieten kann!

Käte probiert. Mit geschlossenen Augen und gekrauster Stirn. Sie schmatzt. Sie leckt sich über die Lippen.

Klasse, sagt sie, also ehrlich, daß wir nicht mal selbst darauf gekommen sind! Nun brauchen wir heute abend viele kleine Schüsseln, mal sehen, ob wir die zusammenkriegen. Und einen Abwasch wird das geben, da muß die Möllern ran, die hilft immer, auch abends, kann nicht schlafen, trotz Tabletten, ich schlafe wie ein Sack, lege mich ins Bett und bin weg, ist's bei Ihnen auch so?

Sie verneint.

Sie kann die Möllern verstehen. Sie kramt auch lieber herum, als auf der Lauer zu liegen: Wird sie einschlafen oder nicht? Aber jetzt könnte sie einen Kaffee vertragen, ehrlich, das lange Stehen hier strengt an, sie ist es nicht gewöhnt, sie bezahlt den Kaffee auch, keine Frage, nur her mit dem schwarzen Zeug, sonst geht ihr die Luft aus!

Käte lacht.

Sie sind Klasse, sagt sie. Bleiben Sie jetzt immer hier? Das wär'n Spaß – die Frau Frenzel hat einen kranken Mann zu Haus, sie denkt nur immer: Wie wird der fertig ohne mich – und schwipp, ist die Suppe versalzen!

Aus einer Dose im Vorratsschrank holt Käte Kaffee, sie brüht eine kleine Kanne auf, kann selbst einen Schluck vertragen. Ist unverheiratet, wohnt in Zwielitz mit einem alten Onkel zusammen, der hat sie zu sich genommen, als sie noch ein junges Ding war. Die Eltern sind lange tot – aber der Onkel ist gut zu mir gewesen, das muß ich ihm lassen, sagt sie. Bloß so ein Arbeitstier, vier Schweine und fünfzehn Kaninchen und fünfunddreißig Hühner, ich frage Sie, wozu brauchen wir soviel Viehzeug? Wir essen beide nicht viel, und das Geld kommt auch bloß auf die Kasse. Aber diese Schufterei, schon früh muß ich das Futter holen, und wenn ich abends von Gutwill komme, ist der Tag noch lange nicht zu Ende.

Daß sie traurig aussieht, auch wenn sie lächelt, kommt vielleicht von ihrer schmalen Stirn. Wenn man sie so sieht, möchte man sie für einfältig halten. Täuschung, sie weiß, was sie sagt! Das merkt man daran, wie sie es sagt.

Gegen siebzehn Uhr werden die Schnitten, der Gemüsesalat, die Sülze, die Gurken und die Tomaten auf Platten und in

Schüsseln gefüllt, im Speisesaal wird gedeckt, zwei junge Pflegerinnen gehen ihnen dabei zur Hand. Das sieht heute lekker aus, sagt eine von ihnen, richtig bunt! Eine Schwester holt das Essen für die Pflegestation, auch sie ist voller Anerkennung, ich sage immer, bei unseren Alten muß das Auge mitessen, es schmeckt ihnen dann viel besser, aber zu wenig Leute in der Küche wie überall auch sonst...

Nun ist da ein Kommen und ein Gehen, jemand will Tee, eine andere fragt, ob noch Gemüsesalat zu haben sei, eine dritte schaut mal nur herein und ruft: Habt ihr noch Eier da? Sie wartet keine Antwort ab, ist schon verschwunden, ehe Käte die Frage bejahen kann. Die Möllern kommt, eine große, schwere Frau, etwa Mitte Siebzig. Ich will abwaschen, wenn's Ihnen heute recht ist, sagt sie, muß mich bißchen bewegen, sonst wollen die Knochen nicht mehr...

Sie sitzt auf dem Stuhl am kleinen Tisch. Sie kommt sich vor wie früher nach einem anstrengenden Waschtag in der Waschküche. Das waren noch Zeiten, davon hat Mutter immer geschwärmt, so ein richtiger Waschtag mit kochender Wäsche im Waschkessel, mit Rumpelbrett und Spülwanne, und die gesamte schmutzige Wäsche eines Monats wurde gewaschen und auf dem Hof getrocknet, Taschentuch neben Taschentuch und Unterhose neben Unterhose, nicht alles wirr durcheinander, wie es die Hände gerade griffen. Und dann stand man im Hof und freute sich über den Wind, der die Wäsche bewegte, und war stolz, gleichermaßen stolz auf die geleistete Arbeit und auf den Besitz, der auf der Leine baumelte, die Leute konnten sehen, daß man zu den Ordentlichen gehörte, zu denen, die ihr Handwerk verstanden.

Das Waschen mit der Maschine später ist zwar um vieles leichter gewesen, hat aber nie mehr diesen Stolz hervorrufen können; und mit der Arbeitserleichterung ist das auch so eine Sache – man verliert dadurch die persönliche Beziehung zu den Dingen, mit denen man umzugehen hat, und wird unachtsamer – zumindest nach Meinung der Mutter.

Nicht, daß Katharina sich nach den Waschtagen ihrer Kindheit sehnt! Sie hat sie keineswegs nur in guter Erinnerung. Allein diese Müdigkeit jetzt ist ähnlich: Die Knochen tun weh, gleichzeitig scheint man vor Befriedigung über den Wolken zu schweben, albern beinahe, wenn man es nüchtern betrachtet.

Die Möllern klappert und werkelt am Spülbecken, daß es weithin zu hören ist: Ich bin auch noch da! Als Mutter oben auf der Pflegestation lag, machte sich dort eine Frau Nissen unentbehrlich – achtundsiebzig, noch ganz gut zuwege, wie sie behauptete, sie trug die Schieber weg, wenn die Schwestern nicht dazu kamen. Deshalb wurde sie von den Alten zuweilen Schiet-Emma gerufen, sie faßte das als Kompliment auf und tat nie beleidigt oder gekränkt.

Eigenartig, wie sehr geleistete Arbeit und das Gefühl, noch zu etwas nütze zu sein, trösten können. Sie hat das längst gewußt, die Erfahrung dieses Nachmittags bestätigt es ihr aufs neue. Kein Gedanke an Asta, an die Verstimmung des Vormittags, an die Unfähigkeit, mit diesem amputierten Leben fertig zu werden. Sie hat hundert Menschen mit Abendessen versorgt, und es hat ihnen geschmeckt, da darf sie eine Pause einlegen, nicht lange freilich, die Arbeit des nächsten Tages will bedacht und geplant werden.

Suppe also. Rindfleisch und Knochen liegen im Gefrierschrank, sie müssen aufgetaut werden. Im Keller lagert frisches Gemüse aus dem Garten. Erklärt Käte. Wo ist der Keller?

Käte geht voraus. Der Keller ist nicht sonderlich kühl, dazu liegt er zu hoch. Mohrrüben, Kohlrabi füllen zwei Kisten. Frische Zwiebeln sind auch noch da und jede Menge Petersilie.

Die Möllern kommt gleich morgen früh zum Gemüseputzen und Kartoffelschälen, sagt Käte. Manchmal bringt sie auch die Schmielau mit, die ist wacklig auf den Beinen, aber noch flink mit den Händen. Und die Göblern, die redet immerzu von ihrem kleinen Sohn, da müssen Sie nicht drauf hören, die hat nämlich nie einen Sohn gehabt, wissen Sie.

Die Möllern ist wirklich schnell mit dem Abwasch fertig, nun kann alles für das Frühstück gerichtet werden. Um sechs müssen Sie anfangen, mahnt Käte, sonst werden Sie mit dem Mullernkaffee nicht rechtzeitig fertig und mit dem Tee auch nicht, die Mehlsuppe kocht morgens die Schwester, das läßt sie sich nicht nehmen.

DIE SCHWESTER – damit ist Schwester Elisabeth gemeint, der Boß, der Chef, die Seele vom Ganzen. Das wird anerkennend gesagt, lobend, voller Respekt. Vertraulichkeit kommt dabei nicht auf. Die Schwester ist zwar für alle da, aber sie wahrt Zurückhaltung, mischt sich nie in Angestelltentratsch, den gibt es hier wie überall. Der Hausmeister hat Ärger mit Käte, die kommt mir manchmal frech, behauptet er, ich solle den Keller besser sauberhalten, sagt sie, aber wie komme ich dazu? Wozu ist das junge Kroppzeug da, die reden immer nur von Freizeit und daß hier zu wenig los sei, einmal im Monat Tanz in Zwielitz – mehr hat es zu unserer Zeit auch nicht gegeben. Das junge Kroppzeug – acht Mädchen zwischen siebzehn und neunzehn Jahren, Krankenpflege-Schülerinnen – was für ein Wort! – haben auf der Pflegestation wahrhaftig keine Schonplätze, zudem müssen sie den Umgang mit Krankheit und Tod erst lernen, die Schwester nimmt sie, wo es nur möglich ist, in Schutz.

Die Schwester nimmt jeden in Schutz, der es verdient, aber wenn sie auf Faulheit und Trägheit stößt, wird sie böse...

Und dann steht die Schwester plötzlich in der Küchentür, stemmt beide Arme in die Hüften, als wolle sie auf diese Weise ihrer zarten Figur mehr Gewicht geben, und sagt: Es hat allen gut geschmeckt. Soll ich Ihnen ausrichten! Und ob Sie die neue Köchin sind, will man wissen...

Darauf bleibt sie die Antwort schuldig. Fangfragen mag sie nicht. Sie legt sich noch immer nicht fest.

෴

Die Einladung der Schwester, den Abend mit ihr oben in ihrem Zimmer zu verbringen, nimmt sie dagegen sofort an.

Die Schwester hat eine Flasche Wein geöffnet, Wermut, das ist anscheinend ihrer beider Spezialmarke. Sie sitzen sich gegenüber, sprechen nicht viel. Die Möllern ist ein Juwel, sagt die Schwester, und sie erwähnt lobend Kätes Namen, auf sie kann man sich auch verlassen, man traut ihr die Umsicht kaum zu.

Eine angenehme Müdigkeit macht ihren Körper schwer. Diese Müdigkeit läßt keinen Raum für Nervosität. Höchstens für einen Traum: Sie wohnt gegenüber, und abends, wenn alles getan ist, kommt die Schwester zu ihr, sie tauschen Erfahrungen, Erlebnisse, Pläne aus, organisieren gemeinsam die Arbeit, sind ein Team, das das Heim Gutwill über alle Fährnisse hinweg sicher von einer Woche zur anderen steuert, von einem Monat zum anderen, von einem Jahr zum nächsten Jahr.

Sie bleibt bis gegen zweiundzwanzig Uhr. Die Schwester zeigt ihr das Bad, sie kann noch duschen. Aber sie verzichtet. Sie wäscht sich flüchtig, schaut sich fröstelnd in dem kahlen Zimmer um, kriecht ins Bett, läßt die Nachttischlampe brennen, ihre Blicke gehen im Raum spazieren, dort drüben würde sie eine Schlafcouch hinstellen, einen Tisch und zwei kleine Sessel, hier hätte ein Kleiderschrank Platz, ein Sekretär vielleicht oder ein kleiner Schreibtisch, sie würde sich neue Möbel kaufen, ein neues Leben in neuer Umgebung braucht neue Möbel – an die Wände würde sie Regale hängen für die Bücher, die sie immer wieder liest, es sind vielleicht dreißig. Alle anderen Bücher zieren daheim den Bücherschrank, sie nimmt sie höchstens einmal im Jahr heraus und staubt sie ab und stellt sie wieder in den Schrank zurück. Konrad ist ein Büchernarr gewesen, was hat er bloß für Bücher herangeschleppt! Manchmal hat sie ihn gefragt, wann er das alles lesen wolle? Wenn ich alt bin, hat er stets geantwortet, dann lümmle ich im Sessel und lese, während du in der Küche stehst und kochst. Sind das etwa keine Aussichten?

Etwa hundert Bücher hat sie nach seinem Tod zum Antiquariat geschleppt, die Töchter wollten sie auch nicht haben, Romane, Gedichtbände, Biographien. Manche dieser Bücher hat Konrad flüchtig durchgeblättert, einige hat er gelesen, andere hat er in den Schrank gestellt und zuweilen angesehen, zum Lesen hat er sich nicht aufraffen können. Ungelesen sind sie ins Antiquariat gewandert, etwa zwanzig hat sich Paul genommen, und zwei Bände über Malerei hat sie Vera geschenkt. Mit dem Rest dekoriert sie daheim die Wohnung, Bücher als Schmuck, nicht als Gebrauchsware. Hierher käme nur die Gebrauchsware. Bücher als Lebenshilfe – von dieser Sorte gibt es ihrer Meinung nach längst nicht genug. Man greift danach, wie ein Ertrinkender nach der rettenden Hand greift, wird für eine kleine Weile an Land gezogen und kommt zur Ruhe.

Könnte sie hier zur Ruhe kommen?

Zu innerer Ruhe?

Als Konrad noch lebte und sie abends nach seiner Hand faßte, hat allein diese Berührung alle Unruhe in ihr ausgelöscht, die sich tagsüber angesammelt hatte. Sie umfaßte diese große Hand und klammerte sich an ihr fest und alles schien erträglich: das kühle Verhältnis zu Isolde, die Sorgen um Asta, die Belastungen, die Mutters Krankheit mit sich brachte. Manchmal legte sie auch ihr Gesicht in diese Hand, dann kam sie sich vor wie ein Vogel, der in einem warmen Nest den Kopf unter die Flügel legt und einschläft. Ihr Austausch von Zärtlichkeiten machte sie auf eine tiefe, stille Weise glücklich.

Nach Konrads Tod, als sie immer wieder bei ihrer Suche nach seiner Hand ins Leere griff, hat sie sich oft gefragt, ob sie seine Nähe, sein DASEIN, stets als das Wunder begriffen hat, das es gewesen ist. Ein Mensch ist für den anderen DA, ist GEGENWÄRTIG, nimmt Lasten ab, indem er sie mitträgt. Hat sie das nicht als etwas so Selbstverständliches hingenommen, daß Dank und Erstaunen überhaupt nicht aufkamen? Jetzt schleppt sie ihre Last allein weiter, jammert wortlos nach dem Toten, sehnt die Vergangenheit zurück und ist, gerade hier in diesem kahlen Zimmer, den Gedanken an die Zukunft in besonderer Weise ausgesetzt.

Wie lange sie liegt und sinnt, weiß sie nicht.

Die Schlaftabletten hat sie zu Haus gelassen, trotz Müdigkeit findet sie nun nicht in den Schlaf. Der Wind schlägt einen Zweig der Linde in Abständen gegen die Dachrinne. Hier ist es immer windig, pflegte ihre Mutter an jedem Besuchstag zu klagen, das Rauschen der Bäume ist wie das Rauschen des Meeres, dort bin ich gern gewesen, an der Ostsee, mit deinem Vater, das waren noch Zeiten! Jetzt gibt sie der Mutter recht: Das Blätterrauschen gleicht dem Meeresrauschen, nur dieser Schlag gegen die Dachrinne gibt einen anderen, schärferen Klang.

Schließlich steht sie auf, steht lange am Fenster und schaut. Schaut in eine helle Sommernacht, Sternenhimmel, die Bäume der Chaussee stehen wie Soldaten in Reih und Glied. Über der Tanne im Park hängt die Mondsichel. Ein Nachtvogel schreit, ein Käuzchen, sie ist sich da nicht sicher. Kiwitt, kiwitt, komm mit – sie käme gern mit! Versinken im NICHTS. Unvorstellbar: dieses NICHTS. Selbst wenn sie schläft, atmet sie. Hört, wenn auch nicht bewußt, die eigenen Atemzüge. Im Tode aber hört sie NICHTS. Ausgelöscht wie der Docht einer Kerze. Ersehnt – gefürchtet...

Auf der Pflegestation drüben brennt Licht. Dort brennt, zumindest im Schwesternzimmer und auf den Gängen, immer Licht. Wie es sonst mit der Nachtbeleuchtung im Haus gehalten wird, weiß sie nicht. Sie müßte nachsehen, aber es interessiert sie nicht.

Wenn morgen alles gut geht, denkt sie, wage ich es vielleicht. Und sei es nur aus dem Grund, im Alter versorgt zu sein und den Kindern nicht zur Last zu fallen. Zugegeben, kein ausreichender Grund, dieses Neue hier anzupacken. Gar nicht sicher, ob ich das Rentenalter jemals erreiche. Aber wenn ich es erreiche, wenn ich die Last des Alters tragen muß... Zu wenig, ich weiß. Es muß mehr dazukommen, wenn ich mich hier wohl fühlen will. Nur: Kann man sich in meinem Alter noch wohl fühlen? Witwe, zurückgelassene Hälfte eines Ganzen, das niemals mehr ein Ganzes werden wird?

Gegen Morgen hat sie einen schweren Traum: Sie steht neben einer Bahnhofstreppe, eben ist ein Zug angekommen, viele Leute drängen die Stufen hinunter. Konrad erwartet sie am Treppenende unten im dunklen Gang, er will zu ihr herauf, aber die Leute schieben ihn immer wieder zur untersten Stufe zurück. Er ruft ihren Namen, streckt ihr die Hände entgegen, sie sieht mitten in sein angstvolles Gesicht, drängt ihrerseits zu ihm hinunter. Aber die Leute, die immer noch aus dem Zug steigen und die nicht weniger werden, eher mehr, schieben sie von der Treppe ab. Schließlich sieht sie, wie Konrad stürzt, wie ihm das Blut aus der Nase rinnt, zwei kleine, rote Bäche. Sie hört den eigenen Schrei, dann ist da nur noch eine dunkle Menschenwand, die dem Ausgang zustrebt und die Konrad unter sich begräbt...

Erwacht sie durch den eigenen Schrei?

Sie weiß es nicht. Sie sitzt im Bett, das Herz schlägt ihr bis zum Hals. Stumm jammert sie nach Konrad. Wenn sie die Augen schließt, sieht sie sein angstvolles Gesicht an der Treppe, das treibt ihr den Schweiß auf die Stirn. An Schlaf ist nicht mehr zu denken. Besser aufstehen und den Tag vor der Zeit beginnen, sie wird sich sehr leise bewegen, dann weckt sie niemanden auf.

❦

Das Wasser im Bad ist jetzt kalt, noch hat der Hausmeister den Warmwasserkessel nicht angeheizt. Eine Dusche wäscht den Traum vollends aus ihren Gedanken. Sie muß sich heute um anderes kümmern, das hat viel für sich.

Als sie zur Küche hinuntergeht, trifft sie eine alte Frau, die von der Toilette kommt. Na, Kindchen, sagt die Alte, auch schon munter? Das klingt einfältig, und wieso Kindchen, sie ist eine Großmutter, sieht man das nicht? Aber ja, antwortet sie, ihr wollt doch alle bald euren Frühstückskaffee, da muß ich mich sputen.

Die neue Köchin, wie?

Sie nickt, die Alte schlurft zufrieden in ihr Zimmer. Der Tag fängt gut an, mit einem Späßchen, das ist besser, als wenn man ihn mit einem Muffgesicht begrüßt, davon wird die Langeweile nicht weniger langweilig, und die Schmerzen, die hier jeder mit sich herumschleppt, werden nicht weniger schmerzvoll.

Als die Schwester an diesem frühen Morgen die Mehlsuppe für die Patienten der Pflegestation zubereiten will, wird in der Küche schon gearbeitet, der Tee ist fertig, ein Teil der Weißbrotschnitten ist geschmiert. Ich habe schlecht geschlafen, heißt es entschuldigend, da bin ich vor meinen Gedanken hierhergeflohen.

Das ungewohnte Bett, wie?

Eher die ungewohnte Umgebung.

Dann hat jede zu tun. Das Schweigen zwischen ihnen empfinden sie als angenehm. Sie halten beide nichts von einem ständigen Redefluß. Sie können still sein. Das ist viel wert.

Haben Sie sich nun entschieden? fragt die Schwester nach langer Zeit. Kommen Sie zu uns?

Eine Gegenfrage – und damit ein Ausweichen: Wäre es recht, zum Nachtisch einen Grießpudding zu kochen? Oder mag das hier keiner?

Man mag, antwortet die Schwester. Sie wartet auf eine Antwort. Da nichts erfolgt, hebt sie die Schultern und deutet zur Vorratskammer. Dort finden Sie alles Nötige. Gutes Gelingen!

Und dann packt der Tag zu, es gibt keine Zeit, die zergrübelt werden könnte, es gibt kaum Zeit, eine Zigarettenlänge zu sitzen und einmal die Füße von sich zu strecken, eine Tätigkeit gleitet in die andere über, die Möllern ist wirklich ein Schatz, umsichtig putzt sie das Gemüse, die Schmielau hilft dabei und wäscht das Geschirr ab, Käte ist zur Stelle, wenn sie gebraucht wird, die Arbeit macht Spaß, und die Zeit verfliegt. Mal ein Gedanke, schmetterlingsleicht: Das müßten die Kinder sehen! Aber schon vorüber, das Mittagessen wird serviert, hinauf zur Pflegestation gebracht. Und schon wird das morgige Essen im groben vorbereitet, Kartoffelklöße und Meerrettichsoße, der Nachmittagskaffee wird gebrüht, das Abendessen gerichtet.

Erst nach achtzehn Uhr ist alles getan, erst jetzt wird sie darauf aufmerksam, daß den ganzen Tag über die Sonne geschienen hat, ein Sommertag, sie hat gehörig geschwitzt. Jetzt tut ihr ein warmes Duschbad gut, danach geht sie hinunter in den Park, setzt sich auf eine der Bänke, die Alten sind im Haus verschwunden, nur Opa Schmidt raucht noch seine Abendpfeife.

Sie sieht hinauf zu den Baumkronen, in denen der Wind spielt. Vogelgesang und Vogelgezwitscher ringsum, hin und wieder eine Stimme, die etwas ruft, dann eine Hand, die sich von hinten auf ihre Schulter legt, und die Schwester fragt wieder einmal: Bleiben Sie?

Aber nicht als Köchin, antwortet sie. Das schaffe ich auf Dauer nicht. Aushilfsweise ja, da macht es Spaß, so ganz aus dem vollen zu schaffen. Aber nicht ständig.

Das Büro wartet auch!

Und bei mir zu Hause die Lohnbuchhaltung ...

... was werden die sagen, wenn sie ihnen ihre Kündigung gibt? Brauns, der Kaderleiter, ist erst seit zwei Jahren bei ihnen, er gehört nicht, wie sie, zum alten Inventar. Er wird es wahrscheinlich mit Fassung hinnehmen. Briesmann, der Betriebsleiter, kennt sie besser. Wenn sie sich sehen, fragen sie stets: Wie geht es so? Er hat eine kranke Frau, sie kann ihm nachfühlen, wie ihm morgens oft zumute ist nach einer durchwachten Nacht. Er ist mit zu Konrads Beerdigung gegangen, das hat sie ihm hoch angerechnet.

So viele Gesichter sind ihr vertraut, so viele Schicksale, manche haben sie beschäftigt, Rosemarie – hier läuft eine junge Pflegerin herum, die Rosemarie in erschreckender Weise gleicht. Als sie das Essen für die Station holte, hat sie sie mit einem ähnlich starren Blick angesehen, wie es Rosemarie immer tat, wenn sie nicht weiterwußte. Sie ist schon lange nicht mehr bei ihnen, Briesmann hat sie entlassen, zuvor hat er ihr eine andere Ausbildung vermittelt, soviel sie sich erinnert, arbeitet sie jetzt in der Großwäscherei.

Rosemarie hat es ihnen allen schwergemacht. Katharina hat nicht mehr geöffnet, wenn das Mädchen abends vor ihrer Tür stand und klingelte und Konrad seufzte: Aber nein, heute mal nicht! Anderentags schämte sie sich vor Rosemaries Blicken, Ratlosigkeit, gemischt mit Vorwurf und Frage, immer diese Frage: Falle ich Ihnen so lästig? Anfangs ist sie ihr nicht lästig gefallen, da hat sie sich sogar ein wenig in ihrer Zuneigung gesonnt. Später machte ihre Nähe sie nervös, nur brachte sie nicht den Mut auf, es ehrlich und direkt zu sagen. Hier hat sie wohl versagt, als Rosemarie sie wirklich brauchte, war sie nicht zur Stelle, da hat sie wieder einmal die Tür verschlossen gehalten und sich hinter der Sicherheit ihres geordneten Lebens versteckt.

Rosemarie, Lehrling, Eltern geschieden, die Mutter krank, anfallskrank, beginnende Epilepsie – Rosemarie setzte sich eines Mittags beim Essen neben sie, hörte zu, wie sie sich mit Frau Köhler unterhielt, brachte die leeren Teller fort, fragte, ob sie einen Kaffee holen sollte. Sie kamen miteinander ins Gespräch und erfuhren, daß Rosemarie die Berufsschule besuchte, aber an einigen Wochentagen arbeitete sie schon in ihrem zukünftigen Betrieb. Macht es Ihnen Freude? fragte sie. Rosemarie nickte, und dann bat sie, doch DU zu ihr zu sagen, sie bekam einen roten Kopf und lief davon, bevor sie beide darauf eine Antwort geben konnten.

Nettes Ding, sagte Frau Köhler, aber ihr Blick gefällt mir nicht. Zuviel Ratlosigkeit für dieses Alter. Passen Sie auf und wahren Sie Abstand. Das ist genau der Typ, den man nicht lange erträgt.

Sie hörte nicht darauf, dachte nicht an Rosemarie, zu Hause gab es aus irgendwelchen Gründen wieder einmal Ärger mit Asta, damals studierte sie noch. Anderentags saß Rosemarie wieder neben ihr, sie fing ein Gespräch mit ihr an, weniger aus Neugier als aus Höflichkeit, man kann nicht neben einem Menschen sitzen und stumm bleiben, wenn es doch offensichtlich ist, daß er zumindest auf eine menschliche Anrede wartet.

Während dieses Mittagessens erzählte Rosemarie, daß sie sich um ihre Mutter sorge, daß ihre Schwester eine kleine Tochter bekommen habe, daß sie das Baby aber nicht im Arm halten dürfe, weil die Schwester sehr eifersüchtig sei. Sie redete hastig, verabschiedete sich jäh und ließ sich ein paar Tage nicht blik-

ken. Während des Betriebsausfluges aber blieb sie ständig neben ihr, und nun berichtete sie, daß sie schlecht schlafen könne, daß sie abends viel lese, daß sie sich vor ihrem Vater fürchte und mit ihrem Leben nicht zurechtkomme. Sie habe eine starke Todessehnsucht, und das sei doch verrückt, nicht wahr?

Sie mußte ihr zustimmen. Daß sich ihre Mutter am Ende des Lebens nach dem Tod sehnte, war verständlich gewesen. Daß auch sie zuweilen aus vielen Schwierigkeiten heraus den Tod als absolute und endgültige Lösung aller Probleme ansah – wenn auch nur für kurze Zeit –, herbeiwünschte, könnte möglicherweise ebenfalls noch verstanden, nicht gebilligt werden. Aber daß hier ein junger Mensch vor den Anforderungen des Lebens zurückschreckte, wollte ihr nicht in den Kopf. Das machte sie neugierig. Sie wandte sich Rosemarie zu, schon bald gehörte das Mädchen zu ihr wie ein Schatten. Nur daß ein Schatten stumm blieb und sich zurückzog, wenn die Sonne günstig stand, so verlor man ihn wenigstens zeitweise aus den Augen. Rosemarie jedoch sorgte dafür, daß sie sie nicht aus den Augen verlor, sie brachte ihr kleine Geschenke mit, die sie für sie gebastelt hatte, sie stand abends vor der Tür und wollte nur mal hereinschauen, meist blieb sie dann bis nach dem Abendbrot, und wenn sie sie nicht wegschickte, wäre sie bis in die Nacht hinein geblieben. Die mußt du in die Schranken weisen, riet Konrad, die wirst du nicht los, ganz schön raffiniert, die junge Dame.

Aber ich kann mich nicht entziehen, klagte sie, wenn man mich braucht, muß ich dasein.

Bist du eigentlich auch für dich selbst da? fragte er. Läßt du dich einmal gehen? Wirfst du einen einzigen Tag lang diese Anspannung von dir, in der du dich bewegst? Wann hast du endlich Mitleid mit dir?

Jetzt hat sie Mitleid mit sich!

Jetzt, nach seinem Tod!

Jetzt läßt sie sich auch gerne gehen, ist ohne Anspannung, kümmert sich wenig um ihre Mitmenschen. Aber glücklicher ist sie nicht geworden dadurch.

Rosemarie – sie erlitt einen epileptischen Anfall, während der Arbeitszeit im Betrieb, sogar in ihrem Zimmer. Sie stand plötzlich in der Lohnbuchhaltung, starrte sie an, klammerte sich am Schreibtisch fest, kippte nach vorn über, sie konnte das Mädchen noch auffangen. Sie legten Rosemarie auf den Fußboden, der Anfall dauerte nur wenige Minuten. Dann tauchte Rosemarie wie aus einer anderen Welt in die Gegenwart zurück, fand sich nicht zurecht, fing an zu weinen. Sie tröstete sie, schon nicht so schlimm, das kann jedem passieren, sagte sie. Rosemarie sah sie an, und dann ging sie aus dem Zimmer, als sei nichts gewesen. Wenige Tage danach meldete sie sich krank, die Krankheit zog sich über Wochen hin. Als sie wiederkam, wußte sie, daß die Krankheit der Mutter auch in ihr zum Ausbruch gekommen war. Sie blieb nur wenige Tage, wurde dann wieder in ein Krankenhaus eingeliefert, dort blieb sie etliche Wochen.

Den Betrieb betrat sie nicht mehr. Briesmann wußte nur, daß man ihr eine Ausbildung in einer Großwäscherei beschafft hatte, allmählich geriet das Mädchen in Vergessenheit.

Durch die junge Pflegerin hier ist sie wieder an Rosemarie erinnert worden.

Das junge Ding, fragt sie die Schwester, das das Essen zur Pflegestation geholt hat, ist nicht gesund, nicht wahr?

Schwester Elisabeth hat sich neben sie gesetzt, ihre beiden Arme greifen um die Banklehne, so sitzt sie entspannt und gelöst.

Woher wissen Sie das?

Ich ahne es nur.

Beginn einer Epilepsie.

Vereinbart sich das mit Krankenpflege?

Die Krankheit ist erst während der Ausbildung erstmals aufgetreten. Auf Ute möchten wir trotzdem nicht verzichten. Sie ist eine unserer verläßlichsten und treuesten Pflegerinnen. Der Arzt hat sie auf Tabletten eingestellt, sie nimmt sie regelmäßig und gewissenhaft. Bisher ist alles gut gegangen.

Nimmt sie ihre Krankheit sehr wichtig?

Nicht sonderlich. Aber Sie fragen, als wüßten Sie Bescheid?

In unserem Betrieb arbeitete ein Mädchen, das hat mir einmal Kummer gemacht. Die gleiche Krankheit.

Von Ute brauchen Sie nicht zu befürchten, daß Sie bei Ihnen Anschluß suchen könnte. Sie hat ein gutes Elternhaus und fährt viel heim. Sie hat ihre Krankheit angenommen, nun kann sie mit ihr leben, das allein ist wichtig.

Eine halbe Stunde später steht die Schwester auf, ihre kleine Gestalt wirkt gestrafft wie am Morgen. Abendrundgang, sagt sie, kommen Sie mit? Damit schließe ich den Tag im groben ab, die Feinheiten behalte ich mir für die Abendstunden vor.

Langsam gehen sie durch das Haus, klopfen an jede Tür, sprechen mit jedem Bewohner, war alles in Ordnung heute, hat es Aufregungen gegeben, Ärger, besondere Freude? Die Schwester will an allem teilhaben, möchte alles mittragen, hat Zeit, nicht unbegrenzt, andere warten auch auf sie, aber sie setzt sich, fragt, antwortet, hört. Das Hören ist am wichtigsten, damit zeigt sie den Heimbewohnern, daß sie ernst genommen werden. Das alte Fräulein Friedrich hat von ihrer Tochter ein Buch geschickt bekommen, ob es die Schwester einmal lesen möchte, liest sich gut, nicht zu schwer, nicht zu leicht, ansprechende Unterhaltung. Frau Zander hat heftige Schmerzen im Knie, bisher haben die Tabletten noch nicht geholfen. Herr Meusel hat Nachricht erhalten, daß seine einzige Schwester verstorben ist, zuweilen hat sie ihn hier besucht, nun schaut keiner mehr nach ihm. Und die dicke Schmiedel lobt das Essen heute, hat besser geschmeckt als sonst, nicht bloß mit Salz und Würze abgeschmeckt, sondern auch mit Küchenkräutern, da hat jemand anderes mitgemischt. Die Schwester stellt Katharina vor, nicht in jedem Fall, aber hier. Frau Nette, mit der Frau Schmiedel das Zimmer teilt, stimmt in das Lob ein. In einem Zimmer der Pflegestation empfängt sie nur Apathie, eine alte Frau liegt klein und dünn im Bett, bewegt die Hand ein wenig, ein Gruß, der wirkt wie das Winken vom anderen Ufer. Die Schwester beugt sich zu ihr, spricht mit ihr, es kommt keine Antwort. Die Schwester schaut auch in das Gemeinschaftszimmer der jungen Pflegerinnen, sie sitzen teils vor dem Fernseher, teils am Tisch, hier wird gebastelt und gewebt. Alles gut? fragt die Schwester. Ja-ja, heißt es, keine Sorge, wir schaffen es schon. Ute sitzt allein, sie strickt an einem Pullover. Sie hat ein friedliches Gesicht.

Zum Schluß besucht Schwester Elisabeth noch ihre Mitbewohner des Dachgeschosses, ist der Tag einigermaßen gelaufen? Schwester Irmela ist nicht zufrieden, eine Waschmaschine ist ausgefallen, jetzt haben sie Mühe, die viele Wäsche sauber zu bekommen. Und der Hausmeister hat ihr einen Zettel für die Schwester gegeben, die Klärgrube muß schon wieder ausgepumpt werden, der Rückfluß in die Toiletten setzt bereits wieder ein, keine fünf Wochen – irgend etwas stimmt da nicht.

❧

An diesem Abend lehnt sie die Einladung der Schwester, noch eine Stunde mit ihr zu verschwatzen, ab. Sie ist müde und möchte sich hinlegen. Dank für alles, gute Nacht, morgen früh wird sie mit dem 8-Uhr-Bus heimfahren.

An diesem Abend badet sie, trödelt, läßt sich Zeit. Aber jemand klinkt an der Tür, das Bad gehört ihr hier nicht allein. Hier muß sie sich sputen. So beeilt sie sich, allmählich läßt die Anspannung nach und macht einer schweren Müdigkeit Platz. Mit wenigen Handgriffen säubert sie das Bad, geht in ihr Zimmer, legt sich auf das Bett. Abendkühle weht durch das weit geöffnete Fenster. Sie verschränkt die Arme unter dem Kopf, schließt die Augen. Wieder erfüllt sie eine große Sehnsucht nach dem Glück früherer Jahre, das ist wie eine Quelle, die über sie hinströmt, Sehnsucht nach dem Lachen der Kinder, nach der Zärtlichkeit des Mannes, nach vielen kleinen Freuden, die sie erst nachträglich als Freuden erkennt. Sie denkt an Isolde, hoffentlich macht ihr die Schwangerschaft nicht zuviel Beschwerden. Wie schön wäre es, wenn sie wieder einmal ein langes Gespräch führen könnten –. Und Asta – kaum daß dieser Name in ihr aufblitzt, nähern sich Sorgen – Asta sucht die Freude, Freude als Grundton des Lebens – wie wird es weitergehen mit ihr, wer ist Peter – und warum hat sie sie belogen? Vielleicht aus Liebe – ich möchte nicht, daß du dich sorgst?

Sie möchte für die Tochter bis ans Ende der Welt laufen und ihr dort das Glück vom Lebensbaum pflücken, der Baum steht da auf einem goldenen Hügel, hat ihr Vater einmal erzählt; Vera hat ihn ausgelacht, es gibt keinen goldenen Hügel, hat sie gerufen, warum sagst du so etwas? Sie aber hat sich den goldenen Hügel vorgestellt, und sie hat gefragt, ob der Baum des Lebens aus Silber sei. Nein, hat Vater geantwortet, er ist aus Holz und hat grüne Blätter, und alle Früchte, die du kennst, wachsen an ihm, Äpfel und Birnen und Kirschen und Pfirsiche – und auch das Glück, das kann man pflücken und mit nach Hause nehmen und es dort aufbewahren, es ist fortan immer gegenwärtig.

Sie gäbe viel darum, wenn sie für Asta das Glück erwerben könnte, nur hat Vater etwas Entscheidendes in seiner Geschichte vergessen: Jeder muß sich selbst das Glück abpflücken, den Weg bis ans Ende der Welt kann einem niemand abnehmen – bis ans Ende der Welt, und das kann auch bedeuten: durch alles Leid und alle Trauer hindurch, auch durch alle Freude und alles Wohlbefinden, und wenn man diesen Weg tapfer geht und nicht aufgibt, hält man – vielleicht – am Ende des Lebens das Glück in der Hand.

Aber was ist das für ein Glück, nach dem man erst die Hand ausstrecken kann, wenn man müde, zerschlagen und wund durch viele Jahre gestapft ist und kaum noch Luft bekommt vor Ermattung? Das hat mit dem leichten, heiteren, schattenlosen Glück, von dem man als junger Mensch träumt, nichts zu tun. Glück gleich Erlösung – kann man es so sagen? Kann man es so sehen? Oder besser: Glück gleich Erfüllung? Ein volles, also erfülltes Menschenleben, mit Gutem und Bösem, Schwerem und Heiterem – mit Erfahrung und Wissen und auch mit dieser nicht enden wollenden Suche nach dem Grundton Freude ...

Kurz vor seinem Tod, als sie einmal die Eltern besuchte, hat Vater zu ihr gesagt: Genieße diese Jahre, in denen du alle die Menschen, die du liebst, bei dir hast. Diese Jahren kommen nie wieder, und sie sind das Schönste, was uns das Leben schenkt!

Schon recht, sie kommen nie wieder. Und sie sind schön gewesen. Sie haben Maßstäbe gesetzt, nach denen und mit denen auch das Kommende zu messen ist. Obwohl man damit das Kommende von Anfang an überfordert. Es ist anders, und weil es anders ist, muß es mit neuen Maßstäben gemessen werden. Auf keinen Fall mit dem Maß des Selbstmitleids. Oder mit dem Maß des Bedauerns: Es war einmal – und sein wird nichts mehr als Leere und Schalheit und Gleichgültigkeit und Einsamkeit.

Gutwill – ja oder nein?

Das steht wie ein riesiges Fragezeichen im Raum, aber eine Antwort kann sie nirgends entdecken, über der Suche nach einer Antwort schläft sie ein. Ohne Tabletten diesmal. Sie wacht nachts auch nicht auf. Sie schläft bis gegen fünf Uhr, fühlt sich frisch und ausgeruht, braucht keinen Anlauf wie sonst, um in den Tag zu steigen wie in taufrisches Gras, mit jenem Frösteln im Genick, das eine Gänsehaut hervorruft.

Gegen sieben Uhr frühstückt sie mit Schwester Elisabeth, sie ißt mit gutem Appetit. Ein eigenartiges Wohlbefinden hat von ihr Besitz ergriffen, vielleicht, weil sie Gutwill den Rücken kehren kann? Weil sie dieses Abenteuer bestanden hat, ohne Schaden zu nehmen? Weil sie das Spiel gespielt hat, das Spiel: wer wagt, gewinnt – aber sie wagt nichts und fühlt sich trotzdem heute morgen als Gewinner!

Dem fragenden Blick der Schwester weicht sie aus. Sie wird den Bus nehmen und heimfahren, und dann wird sie Nachricht geben. Ein paar Tage Geduld bitte noch. Das sagt sie, während sie das Ei aufschlägt. Ihre Stimme hat einen frischen Klang. Die Schwester sieht sie lange an, ihr Gesicht wirkt heute traurig und niedergeschlagen. Ich hätte Sie gerne dabehalten, sagt sie, Sie werden mir fehlen, mit Ihnen zusammen könnte ich das hier bewältigen, allein aber ...

Sie sind doch nicht allein. Sie haben Schwester Irmela – unter anderen. Meine Mutter sagte immer, sie sei Ihnen eine rechte Hilfe und Stütze.

Ich brauche noch eine Stütze ...

Der Bus ist leer, sie setzt sich wieder vorn auf die erste Bank. Die Häuser der Dörfer, die sie durchfahren, sind fast alle frisch verputzt, das ist ihr gestern nicht so aufgefallen. Auch die meist gut gepflegten Vorgärten sind ihr nicht aufgefallen. Heute freut sie sich an ihnen.

Den letzten Urlaubstag will sie noch nutzen. Gleich nach der Ankunft in Ahlheim wird sie zum Frisör gehen, die Haare müssen geschnitten werden, eine frische Kaltwelle könnte sie auch gebrauchen. Vielleicht nimmt ihre Frisöse sie ohne Voranmeldung an. Auf dem Weg zum Frisör wird sie einkaufen, und dann wird sie sich etwas Gutes kochen, und nachmittags wird sie den Absagebrief an Schwester Elisabeth schreiben. Und morgen wird sie wieder in der Lohnbuchhaltung sitzen und rechnen, Zahlen sind weniger fordernd als Menschen. Ein ruhiges, beschauliches Altfrauenleben, Witwendasein, sie hat sich nun wohl endlich abgefunden!

Beim Frisör ist es erstaunlicherweise so leer, wie sie es sich gewünscht hat. Sie kommt nach einer kurzen Wartezeit an die Reihe. Während ihr Haar geschnitten und gedreht wird, vermeidet sie jeden Blick in den Spiegel, sie mag das eigene Gesicht nicht anschauen. Statt dessen unterhält sie sich mit Frau Maiwald über das Einkochen, ich habe schon einige Gläser voll stehen, sagt die Frau, man weiß ja nicht, wie der Winter wird, es ist immer angenehm, wenn man sich ein Glas mit Eingemachtem heraufholen kann. Sie zuckt die Schultern, früher hat sie auch viel eingekocht, von grünen Stachelbeeren angefangen bis zum Pflaumenmus. Aber für sich allein lohnt die Mühe nicht, und für die Kinder auch kaum, jahrelang hat sie ihrer Großen die vollen Gläser aufgedrängt, und wenn sie sie besuchte, war noch nichts davon geöffnet. Dabei mag ihre Enkelin eingemachtes Obst sehr gern, am liebsten Süßkirschen und Aprikosen. Wo kriegt man heutzutage noch Aprikosen her, sagt Frau Maiwald, während sie den letzten Lockenwickler eindreht, das ist Zufall, auch Heidelbeeren, und früher konnte man dieses Obst überall kaufen. Zu wenig Leute, antwortet sie, wer soll noch Heidelbeeren suchen, die Sonntagssammler holen sich gerade den Eigenbedarf, alles andere bleibt an den kleinen Büschen hängen. Bei den Pilzen ist es ähnlich, keine Leute, keine Leute, überall das gleiche Lied.

Und du singst mit, sagt sie plötzlich, unter der Haube sitzend, zu sich selbst. Sei ehrlich: Die Arbeit in der Lohnbuchhaltung kann auch von zwei Frauen geschafft werden, mit drei Planstellen ist die Lohnbuchhaltung sowieso überbesetzt. Gutwill hingegen ...

Möchten Sie einen Kaffee? fragt Frau Maiwald. Ich habe mir gerade ein Kännchen gebrüht, ich gebe Ihnen gern eine Tasse ab.

Wenn es Ihnen keine Umstände macht?

Ich hätte es Ihnen sonst nicht angeboten.

Der Kaffee ist stark und bitter. Sie trinkt ihn sehr heiß und schluckt mit ihm alle aufsteigenden Bedenken hinunter.

Als sie daheim die Tür aufschließt, kommt ihr Asta entgegen.

Ich habe auf dich gewartet, sagt die Tochter. Ich dachte mir, daß du um diese Zeit kommen müßtest.

Ich habe mir nur ein Schnitzel gekauft, aber zur Not reicht es für uns beide.

Ich habe keinen großen Hunger.

Aber ich.

Das wird noch in forschem Ton gesagt, dabei spürt sie bereits, wie die alte Unruhe in ihr aufbricht, gemischt mit Neugier, Anteilnahme und der kleinen Angst.

Im Bus, auch beim Frisör, hat sie sich so frei gefühlt wie seit langem nicht. Frei, ohne Sorgen. Das hat sie selbst nicht verstanden, nur genossen. Nun fühlt sie wieder diesen Druck in der Herzgegend, auch einen gewissen Druck auf dem Magen. Sie weiß, daß sie beobachtet wird. Ihre Unbefangenheit verliert sich wie ein Rinnsal in trockener Erde.

Wie war es in Gutwill? Nimmst du das Angebot an?

Ich weiß es noch nicht.

Aber es hat dir gefallen?

Nicht einmal dessen bin ich mir sicher. Vor lauter Arbeit habe ich nicht nachdenken können.

Arbeit ist das Richtige für dich! Das weiß ich noch von früher: Wenn Hausputz anstand und zusätzlich große Wäsche, hast du die Ärmel hochgekrempelt und zugepackt, und dabei hast du immer gute Laune gehabt. Isolde verstand das nie, Mutter, unser Arbeitstier, hat sie gespottet – erinnerst du dich nicht daran?

In meiner Gegenwart hat sie das nicht gesagt.

Ich meine nicht Isolde. Daß die Arbeit dir Freude gemacht hat – verstehst du?

Du kannst recht haben, es ist mir nie bewußt geworden.

Siehst du, wieder ein Punkt, der uns voneinander unterscheidet. Ich versuche, mein Leben ganz bewußt zu leben und zu gestalten – du lebst immer aus dem Gefühl heraus, vielleicht auch aus dem Instinkt.

Das klingt vorwurfsvoll.

Ach, Mutter, es ist doch nur eine Feststellung! Ich möchte dir klarmachen, daß wir von verschiedenen Ausgangspunkten ausgehen und daß es deshalb hin und wieder zu Mißverständnissen zwischen uns kommt. Nur deshalb! Nicht aus fehlender Liebe, das darfst du nie denken. Übrigens habe ich eine neue Stelle in Aussicht! Sekretärin bei der Kreisdirektion für Gaststättenwesen. Ich war vorhin dort, die Bewerbung habe ich abgegeben. Morgen soll ich mir die Antwort holen, ich rechne mit einer Einstellung.

Ist das das Ziel deiner Suche – oder wieder nur eine neue Zwischenstation?

Ich weiß es nicht. Zumindest ist es ein Schritt weiter – meinem Ziel entgegen. Erinnere dich: Auch die Arbeit muß Freude machen. Ich bin sehr bereit und begierig, auch die winzigste Spur von Freude und Fröhlichkeit aufzunehmen. Du mußt halt Vertrauen zu mir haben.

Sie hebt die Schultern. Die beiden Taschen stellt sie ins Schlafzimmer, nimmt die Schürze vom Haken – Angewohnheit von früher: zu Hause immer eine Schürze zu tragen, Erziehung der Mutter – auf diese Weise schonst du deine Kleider –, nimmt das Schnitzel und geht in die Küche. Sie hat Hunger. Sie wird ein vernünftiges Essen zubereiten, gefrorene Erbsen sind noch im Kühlfach, neue Kartoffeln stehen in der Speisekammer, Eier gibt es genügend, ein schnelles Menü, es wäre gelacht, wenn es Asta am Ende nicht schmecken würde.

Die Tochter sitzt auf der alten Küchenbank. Ein unansehnliches, aber praktisches Möbel. Sie gibt sich Mühe, Asta nicht anzusehen, sie weiß auch so, daß sie wieder einmal jenen ratlosen Ausdruck im Gesicht hat, der sie selbst von jeher hilflos machte. Asta braucht nur auszusehen wie eine zerzauste Blume, und du wirst sanft wie ein Kaninchen, pflegte Konrad zu sagen. Er hat recht gehabt. Eine schwache, von den Kindern abhängige Mutter – das ist sie, und mehr ist sie nicht. Daß anderes, vielleicht größeres, in ihr steckt, wird ihr immer erst dann bewußt, wenn sie sich einmal ganz von den Töchtern gelöst hat.

Wenn ich als Sekretärin gut arbeite, kann ich später noch ein Studium als Ökonom aufnehmen.

Entspricht das deinen Vorstellungen? Wo du doch schon ein Studium aufgegeben hast?

Ich hoffe sehr, daß es meinen Vorstellungen entspricht. Ich kneife nicht vor Schwierigkeiten, Mutter! Ich suche – und wenn nötig, sehe ich einen Irrtum ein und korrigiere ihn. In meinen Augen ist das völlig normal und auch angebracht und tausendmal besser, als das Leben an eine ungeliebte Tätigkeit zu vergeuden ...

Als sie sich am Tisch gegenübersitzen, fragt sie, wer eigentlich dieser Peter sei. Ein ernst zu nehmender junger Mann?

Ich nehme ihn sehr ernst, sagt Asta. Sonst würde ich nicht mit ihm leben. Es ist sogar möglich, daß er dir gefällt. Mit Paul kommt er gut aus – und auf Pauls Urteil gibst du doch etwas.

Du hättest ihn mitbringen sollen.

Ich habe es nicht gewagt. Ich war ziemlich unmöglich zu dir Sonntag vormittag. Aber du kamst so überraschend, und irgendwie habe ich mich geschämt.

Warum? Seit wann bist du empfindlich?

Kennst du mich so schlecht?

Ich weiß nicht. Manchmal bist du mir sehr fremd. Und dann wieder bist du mir vertraut. Ich frage mich, ob andere Mütter ähnliche Erfahrungen mit ihren Kindern machen.

Peter hat sich schnell angezogen, aber bevor er fertig war, hattest du die Wohnung schon verlassen.

Werdet ihr heiraten?

Ein Seufzer. Ach Mutter, warum immer gleich Heirat? Wenn ein Kind kommt, vielleicht.

Ein Kind? Bekommst du ein Kind?

Das habe ich nicht gesagt.

Aber es wäre möglich?

Möglich ist es immer. Das weißt du wie ich. Oder sind Isolde und ich Wunschkinder gewesen?

೭ಾ

Ja, denkt sie, ihr wart Wunschkinder. Ich wollte Kinder haben! Lebendige Puppen, Spiegelbilder meines eigenen Wesens. Besitz, der mehr wiegt als Geld. Der mir nicht genommen werden kann. Erst allmählich habe ich begriffen, daß Kinder nur Leihgaben sind. Nicht mehr, auch nicht weniger. Leihgaben, auf die die Eltern keinen Anspruch haben. Die man nicht als Entschuldigung für eigenes Versagen anführen darf – so etwa: Ich komme mit meinem eigenen Leben nicht zurecht, daran sind die Kinder schuld ...

೭ಾ

Nach dem Essen brüht Asta einen starken Kaffee, dabei erzählt sie von Peter: daß er gern liest, für Jazz und guten Beat schwärmt, wenig vom Fernsehen, dafür mehr von anspruchsvollen Filmen hält; daß er Schwierigkeiten mit seinen Eltern hat, die ihn als ausgeflippten Typ bezeichnen; daß er weinen kann, wenn er traurig ist, und sich nicht in verkrampfte Härte rettet; daß er sensibel ist und Sehnsucht hat – wie sie – nach einem guten Leben, daß nicht ganz ersichtlich ist, was er darunter versteht. Vielleicht so: Er will nicht auf Kosten anderer leben, der Erwerb materieller Güter ist nicht sein alleiniger Lebenssinn, menschliche Zuwendung bedeutet ihm viel mehr; daß er dem Leben eher passiv als aktiv gegenübersteht, daß er sich zuweilen treiben läßt und gern träumt. Und daß er sie liebt.

Sie sitzt im Sessel und hat die Füße auf die Couch gelegt. Sie hört zu und ist doch gleichzeitig merkwürdig unbeteiligt.

Wenn du nur glücklich bist, sagt sie endlich. Ob mit oder ohne Peter, das ist nicht entscheidend. Vielleicht hilft er dir beim Erwachsenwerden! Denn das Erwachsenwerden fällt dir sehr schwer!

Ist es etwa ein erstrebenswerter Zustand? Sag selbst! Was machst du aus deinem Erwachsensein? Du LÄSST mit dir geschehen, aber von dir aus versuchst du keinen Einfluß auf das Geschehen zu nehmen. Gutwill bedeutet eine große Ausnahme. Manchmal fürchte ich, daß sich die Erwachsenen mit den Gegebenheiten abgefunden haben, während die Jugend diese Gegebenheiten zu ihren Gunsten verändern will. Ich will verändern. Ich will nicht nur hinnehmen und mich einrichten. Deshalb suche ich den mir gemäßen Platz, und einmal werde ich ihn bestimmt finden. Vielleicht zusammen mit Peter, vielleicht ohne ihn.

Auf jeden Fall ohne mich, denkt Katharina. Entscheidendes kann ich bei dieser Suche nicht tun. Dasein, wenn es notwendig sein sollte. Das könnte ich auch von Gutwill aus...

Die Spannung zwischen ihnen weicht allmählich einem freundlichen Geltenlassen. Sie trinken den Kaffee und sind sich nah und gleichzeitig fern.

Wie wäre es, wenn ich dich begleiten würde, und du stellst mir deinen Peter endlich vor? fragt sie plötzlich.

Er kommt erst nach sechzehn Uhr. Wenn es dir nicht zu spät wird?

Ich habe Zeit. Wir brauchen noch nicht zu gehen.

Die Sonne malt Lichtmuster auf die Tapete. Der dunkelrote Römer auf dem Holzbord leuchtet.

Asta zündet sich eine Zigarette an, und dann übernimmt sie wortlos den Abwasch. Während dieser Zeit packt Katharina ihre Taschen aus, stopft die schmutzige Wäsche in die Maschine, stellt sie aber nicht an.

Eine Weile steht sie in der Schlafzimmertür, betrachtet die beiden Ehebetten, spürt, wie ein Frösteln ihre Haut zusammenzieht, wendet sich rasch ab, steht nun in der Küchentür, beobachtet Asta, die das Geschirr in den Schrank räumt, wird sich ihrer starken Bindung an die Tochter bewußt, einer Bindung, die so innig und fest ist, daß sie wehtut; möchte zu ihr gehen und sie umarmen, aber sie läßt es.

Kurz vor sechzehn Uhr verlassen sie die Wohnung. Asta hakt sich bei ihr ein. Gesprochen wird nichts. Der warme Wind wirbelt Staub auf. In Gutwill ist jedenfalls bessere Luft, denkt sie.

Vor den Auslagen der Geschäfte bleibt Asta stehen, einen Staubsauger könnte ich gebrauchen, sagt sie, auch eine kleine Waschmaschine. Wenn du nicht mehr da bist, wird es schwierig mit der Wäsche.

Zugegeben, das wird es. Bisher hat Asta entweder ihre Waschmaschine benutzt, oder sie hat die schmutzige Wäsche einfach dagelassen – wäschst du sie mir, Mutter? –, und sie hat sich darüber gefreut, so kann sie doch noch etwas für die Tochter tun. Abhängigkeiten schaffen ...

Du weißt, wofür du sparen kannst, antwortet sie. Ich kaufe dir so große Geräte nicht mehr. Mit dem, was ich verdiene, komme ich gerade aus.

So war es nicht gemeint, Mutter.

Der Arm wird fortgenommen – hat sie wieder zuviel gesagt?

~∽

Die Stunde in Astas Dachwohnung vergeht schnell und – erstaunlicherweise – ohne Verlegenheit.

Peter erweist sich als ein schüchterner junger Mann mit weichen Gesichtszügen, der sehr darauf bedacht zu sein scheint, einen guten Eindruck zu hinterlassen. Sie nimmt seine Bemühungen mit leichtem Lächeln zur Kenntnis. Wichtiger für sie ist die Tatsache, daß sich Asta in Peters Gegenwart anders gibt als sonst, weicher, liebevoller, gelöster und ausgeglichener. Sie mag ihn, denkt sie, und sie denkt es ohne Eifersucht.

In den beiden kleinen Zimmern herrscht oberflächliche Ordnung, es ist sauber, auch dies nimmt sie dankbar zur Kenntnis. Sonst gefällt ihr manches nicht, sie mag keine gardinenlosen Fenster, Asta hingegen lehnt jede Art von Stoffetzen vor Fenstern ab. Ich habe kein Gegenüber, hat sie einmal gesagt, mir kann niemand in die Suppe schauen. Ich möchte mir Sonne und

Mond und Sterne ins Zimmer holen und sie so nah wie möglich bei mir haben. Sehnsucht nach Weite, Mutter – Abgegrenztes gibt es schon zuviel!

Drüben im anderen Raum ist das Bettgestell verschwunden, die Matratzen liegen, sauber bezogen, auf dem Fußboden. Am Dachbalken hängen Blattpflanzen. In die Dachschräge hat sich Asta Regale eingebaut, darauf stehen Keramikvasen und Keramikschüsseln. Und jede Menge Aschenbecher. Es wird viel geraucht in dieser Wohnung, der Zigarettenrauch hat sich festgesetzt und weicht nicht, obwohl die beiden Fenster weit geöffnet sind.

Eine eigene Welt. Eine Welt, die sie nur besuchsweise betritt, in der sie sich möglicherweise wohl fühlen könnte, in der sie aber nicht daheim ist.

Sie bleibt eine knappe Stunde. Nächsten Sonntag, sagt sie beim Abschied, erwarte ich euch zum Essen. Oder habt ihr anderes vor?

Ich habe frei, sagt Peter. Wenn es Ihnen recht ist, daß ich mitkomme...

Ich möchte, daß Asta glücklich ist. Wie es scheint, ist sie es in Ihrer Gegenwart. Also?

Ein kleines, verlegenes Lächeln macht sein Gesicht noch kindlicher. Dem wird das Leben noch hart mitspielen, denkt sie mitleidig und besorgt, hoffentlich bleibt Asta neben ihm, das wäre, so scheint es, für beide gut.

Sie verabschiedet sich beinahe fröhlich. Peter drückt ihr schmerzhaft fest die Hand, Asta begleitet sie zur Tür – und sagt kumpelhaft: Mach's gut. Auf nach Gutwill – meinen Segen hast du!

꙳

Das Licht dieses Spätnachmittags ist klar und von einer Reinheit, wie man es in der Stadt selten erlebt.

Ein warmer Wind umschmeichelt sie, als sie die Straße hinuntergeht. An der Eisdiele auf der anderen Straßenseite stehen viele Leute an. Sie überlegt, ob sie hinübergehen soll, sie hat Appetit auf Eis. Konrad hat sie oft dazu eingeladen, er bestellte immer drei Kugeln Vanilleeis mit einem Schuß Eierlikör. Aber sie geht weiter, geht zum Friedhof, dort herrscht in dieser Spätnachmittagsstunde geradezu reger Betrieb. Viele gehen von der Arbeit gleich hierher und versorgen die Gräber, alte Frauen sitzen auf den Bänken und schwatzen. Sie sitzen auch auf der Bank am Fliederbusch in der Nähe von Konrads Grab, unwillkürlich lauscht sie auf die laut geführte Unterhaltung. Nachbarschaftstratsch, Bericht der Krankheiten, Klagen über das Alleinsein, ein Abhaken der Vergangenheit, und so trübe auch die Gegenwart ist, man klammert sich an sie – bei Magenbeschwerden müssen Sie gleich morgens eine Tasse Salbeitee trinken, ohne Zucker, das hilft – ich kühle mein Bein jeden Abend, wissen Sie, habe Venenentzündung, schon jahrelang, und tagsüber trage ich einen Gummistrumpf, und ich liege viel, schon vormittags, was soll ich sonst tun –, denn vor der Zukunft fürchten sich alle. Für die, die dort auf der Bank sitzen, ist die greifbare Zukunft nur mit dem Tod gleichzusetzen, und je näher sie ihm kommen, desto weiter möchten sie vor ihm fliehen.

Hör dir das an, sagt sie in Gedanken zu Konrad, hör dir das genau an, und dann stell dir vor, daß ich auch einmal so auf einer Bank sitzen werde, in zehn Jahren vielleicht, da bin ich Mitte Sechzig, die Arbeit in der Lohnbuchhaltung habe ich längst hinter mir. So sitzen und sich selbst leid tun, weil man das Mitleid eines anderen nirgendwo mehr findet ...

In der kleinen Hecke, die die Doppelgrabstelle umgibt, hat sie Harke und Gießkanne versteckt, sie kann gleich mit der Arbeit beginnen. Bleibt später vor der Grabstelle stehen, auf dem Fleck, unter dem sie einmal liegen wird, hat sie einen Kriechwacholder gepflanzt, auch einige immergrüne Gewächse, die machen nicht soviel Arbeit. Sie gehört nicht zu denen, die die Grabpflege zum alleinigen Lebenszweck erheben, wenn sie ehrlich ist, muß sie sogar zugeben, daß sie Konrad hier draußen schwerer findet als daheim in der Wohnung. In der Wohnung ist Konrad ihr noch gegenwärtig, daran hat nicht einmal die Renovierung etwas geändert. Der grüne Sessel ist nach wie vor SEIN Sessel, die Garderobe, die er ihr einmal zu Weihnachten geschenkt hat – selbstgezimmert, meine Liebe, ich bitte das zu beachten! –, ist SEINE Garderobe, und im Schlafzimmer steht nach wie vor SEIN Bett. Isolde hat im Frühjahr einmal den Vorschlag gemacht, sie solle sich das Schlafzimmer anders einrichten, als zweites Wohnzimmer, mit Schlafcouch und Sesselecke, aber sie hat davon nichts wissen wollen. Das Schlafzimmer bleibt, wie es ist, und wenn sie sich abends niederlegt, streckt sie die Hand aus wie früher, nur hält niemand mehr diese Hand fest.

Was würde Konrad zu Gutwill sagen?

Nachträglich spürt sie plötzlich doch so etwas wie Eifersucht in sich aufkommen, wenn sie an Asta und Peter denkt. Vor ihnen breitet sich die Möglichkeit des Gemeinsamen aus, und es kommt allein auf sie an, wie sie diese Möglichkeit nutzen. Alles gemeinsam planen und tun. Sie hingegen kommt sich vor wie eine Pflanze, die im Boden der Vergangenheit wurzelt, deren Blätter sich aber der Zukunft entgegenwenden. Zukunft, das birgt für sie doch mehr als den Tod. Das gibt ihr vor dem Tod die Chance einer neuen Lebensaufgabe.

※

Heimgekehrt vom Friedhof, inmitten der Stille, die sie in ihrer Wohnung empfängt, wohl bedenkend, daß der nächste Besuch der Kinder frühestens am Sonntag fällig ist, dazwischen ist außer in den Stunden in der Lohnbuchhaltung kein Miteinander mit anderen Menschen möglich, begreift sie endlich ganz klar, daß sie so nicht weiterleben will.

Ein Leben auf Sparflamme sagt ihr auch nicht mehr zu.

Und so setzt sie sich, alle Bedenken beiseite schiebend, an ihren Sekretär und schreibt an Schwester Elisabeth. Schreibt, daß sie zum nächsten Termin in ihrem Betrieb kündigen und so bald wie möglich nach Gutwill kommen wird. Genaues Arbeitsgebiet müßte noch zwischen ihnen abgesprochen werden. Auf jeden Fall wolle sie alle Büroarbeit übernehmen, die Küche eventuell nur in Notfällen oder ab Mittag. Die Wohnung hier behalte sie, das Zimmer in Gutwill richte sie sich noch ein. In etwa sechs Wochen könne die Schwester wohl mit ihrer Ankunft rechnen.

Nein, ein Glücksgefühl erfüllt sie nicht.

Nicht einmal Erleichterung.

Sie weiß, daß die Frage, ob sie richtig handelt, so bald nicht beantwortet sein wird. Zur Neugier gesellt sich bereits jetzt schon eine kleine Angst. Und so möchte sie fast den Brief zerreißen, alles beim alten lassen, Gutwill endgültig zu den Träumen schicken, es wäre – vielleicht – recht schön gewesen, es hat – aus Kleinmut – nicht sollen sein! Trotzdem schreibt sie die Adresse auf den Umschlag, klebt die Marke darauf und verläßt die Wohnung, um den Brief in den nächsten Briefkasten zu werfen. Ihr ist, als führe ein anderer ihre Hand, als folge sie stummen Befehlen, als tue sie etwas beinahe Ungewolltes. Erst als der Brief in den Kasten fällt, atmet sie auf. Nun ist der Stein ins Rollen gekommen, an Langeweile wird sie in der nächsten Zeit nicht zu leiden haben.

Daheim gießt sie sich einen Wermut ein, trinkt das Glas stehend, trinkt sich selbst zu. Prost, denkt sie, auf den Mut! Auf den Mut, loszulassen und anzufangen, immer wieder loszulassen und anzufangen. Stagnation jeder Art bedeutet Tod, aber ein Tod vor der Zeit taugt nichts. Kündigung morgen, Aufarbeitung aller notwendigen Arbeiten, als Ausklang möglicherweise ein kleines Fest hier daheim, ein Fest, das sich Asta gewünscht hat; ein Fest, WEIL sie nach Gutwill geht!

Als sie sich zu später Stunde niederlegt, keineswegs glücklich, wohl aber neugierig und gleichzeitig ängstlich, betet sie stumm, wortlos. Gib deinen Segen dazu, denkt sie, Gutwill, kein Fluchtpunkt, sondern Aufgabe. Nur so wird etwas Gutes daraus.